W9-AHH-521
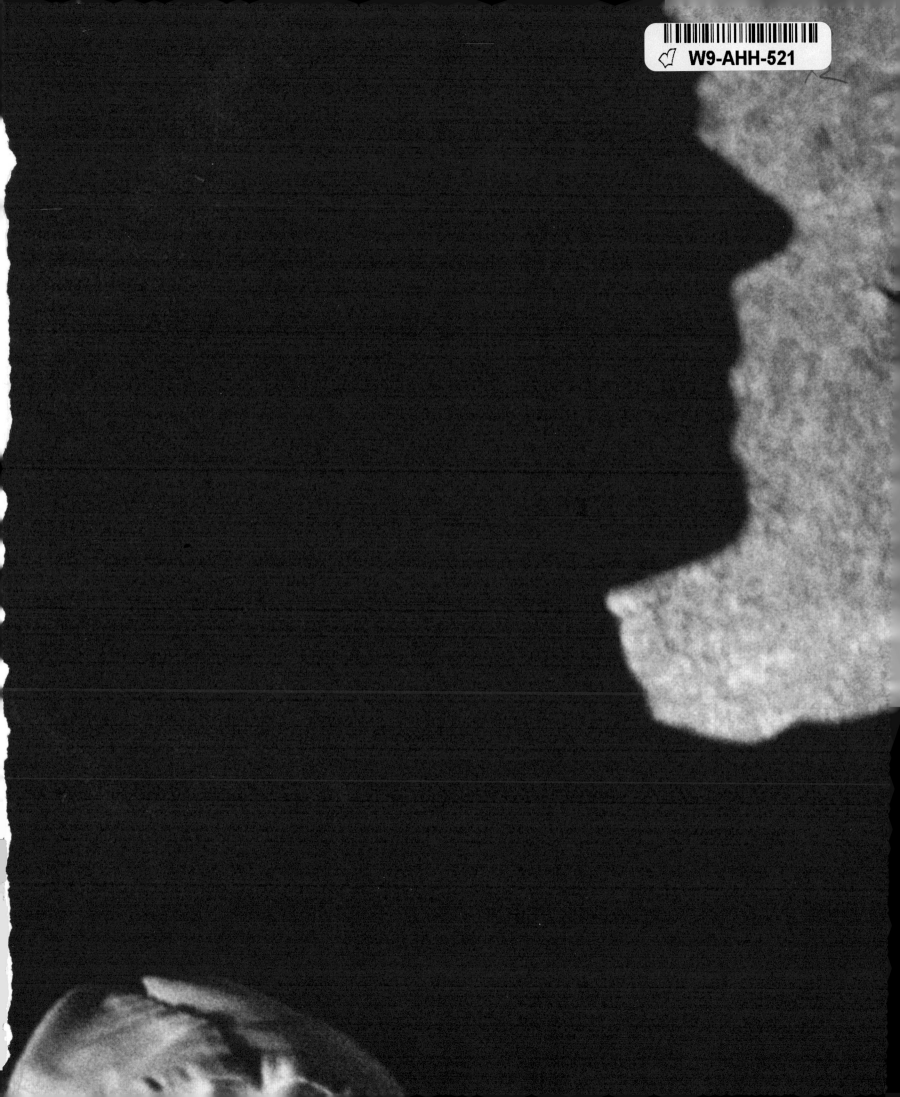

"Sólo soy alguien que hace películas"

CLINT EASTWOOD

UNA RETROSPECTIVA

RICHARD SCHICKEL

Introducción de
CLINT EASTWOOD

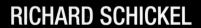

BLUME

ANAHEIM PUBLIC LIBRARY
500 W. Broadway
Anaheim, CA 92805
EUCLID

BLUME

Título original:
Clint. A Retrospective

Traducción:
Rosa Maria Borrás Montané

Revisión técnica de la edición en lengua española:
Llorenç Esteve
Historiador de cine

Coordinación de la edición en lengua española:
Cristina Rodríguez Fischer

Primera edición en lengua española 2010

© 2010 Art Blume, S.L.
Av. Mare de Déu de Lorda, 20
08034 Barcelona
Tel. 93 205 40 00 Fax 93 205 14 41
E-mail: info@blume.net
© 2010 Palazzo Editions, Bath (Reino Unido)
© 2010 del texto Richard Schickel

ISBN: 978-84-9801-471-6

Impreso en China

Todos los derechos reservados. Queda prohibida
la reproducción total o parcial de esta obra,
sea por medios mecánicos o electrónicos,
sin la debida autorización por escrito del editor.

WWW.BLUME.NET

PÁGINA 1 Clint a la de edad de 9 años y listo para la acción.
PÁGINA 3 Cartel promocional de *Harry el sucio,* 1971.
PÁGINA 5 Clint en el set de *Escalofrío en la noche,* 1970.

CONTENIDO

Introducción

«No mires atrás. Algo se te podría estar viniendo encima», fue el sabio consejo que una vez dio Satchel Paige, el gran pitcher de las Ligas Negras de béisbol. Y es una costumbre que he seguido la mayor parte de mi vida. Siempre he dejado las retrospectivas a otros que pueden, o quizás no, tener una mejor perspectiva sobre lo que he hecho o dejado de hacer.

Tuve suerte de que el cine no reclamara toda mi atención hasta después de haber podido vivir un poco: tenía veinticinco años cuando interpreté mi primer gran papel y veintiocho cuando llegó el absorbente trabajo en la serie televisiva del oeste Rawhide, *que «rodó, rodó, rodó» durante siete años. Todos aquellos años de aprendizaje fueron una gran experiencia didáctica, en la que aprendí los aspectos prácticos de la producción cinematográfica y, lo que es más importante, empecé a descubrir lo que quería hacer y lo que no.*

Sobre todo, aprendí a confiar en mi instinto. ¿Cómo se explica si no que decidiera irme a Italia y España a rodar Por un puñado de dólares, *un spaghetti-western cuyo inesperado éxito me dio la posibilidad de trabajar en más largometrajes? Aunque en aquellos momentos no pensé en eso. Sólo pensé que sería una forma divertida de pasar mi paréntesis veraniego de* Rawhide. *Además, nunca había estado en Europa. Pensé que podría aprender algo sobre cómo se hacían las películas en el extranjero.*

No quiero decir con esto que me faltara ambición o que en aquel momento me dejara llevar por el viento o por lo que me ofrecieran. En realidad, tenía ganas de dirigir. Había visto que el director era el centro del proceso de rodaje y no sólo uno de los componentes, como el actor. Esa idea me atraía, lo cual no significa que pensara que algún día estaría haciendo Sin perdón, Mystic River, Million Dollar Baby *o cualquiera de las otras películas que los críticos y el público tan bien han recibido en los últimos años. Obviamente, soy un director norteamericano.*

PÁGINA ANTERIOR Momentos de reflexión en la Warner Bros., 2002.

Y eso significa que, como sucede con mis colegas de profesión, mis raíces son el cine de género. Para mí, las convenciones del género aportan cierta fuerza a las películas al tiempo que permiten crear variaciones sobre sus temas básicos, una oportunidad para dar al filme en cuestión un aire fresco que lo convierte en algo nuevo para el público y para mí.

Don Siegel, mi mentor en la dirección, siempre solía decir que el análisis lleva a la parálisis, y yo estoy al cien por cien de acuerdo con él. Por otra parte, Don siempre trató de hacer muy racional el proceso de creación de una película, de modo que no dejaba nada al azar, sino que planeaba el rodaje y las escenas de forma minuciosa, con sensatez y eficacia. Y eso es lo que yo también he intentado hacer siempre. Simplemente, no me gusta hacer perder el tiempo ni el dinero a los demás. Por otro lado, no creo que haya que tener a todo el mundo en vilo cuando el objetivo es sencillamente hacer una película lo mejor posible. Intentamos crear un ambiente relajado, alegre y distendido.

Mirando atrás, supongo que he hecho algunos filmes que no debía haber hecho. Pero eso no lo sabes cuando lo estás haciendo. Siempre he dicho que no tengo ni idea de si una película tendrá éxito o no. Mi criterio para tirar un proyecto adelante es simple: ¿es una película en la que me gustaría trabajar o que me gustaría ver? Hasta ahora, me ha funcionado bastante bien. He logrado trabajar una buena temporada en algo que me encanta y no veo por qué debería parar. He visto más mundo de lo que imaginé jamás. He trabajado con gente a la que ha sido un placer y un privilegio conocer. Y he hecho al menos unos cuantos filmes de los que me siento muy orgulloso y que espero que perduren. Por último, espero que esta «retrospectiva» quede obsoleta tan pronto como se publique. Como cuando empecé, no puedo afirmar que lo mejor está por llegar, pero espero que así sea. Y tengo la intención de seguir trabajando hasta el final.

PÁGINA SIGUIENTE Una fotografía de retrato tomada para *Parade* en 1992; su autor es Eddie Adams, el reconocido fotógrafo de la guerra de Vietnam.

8

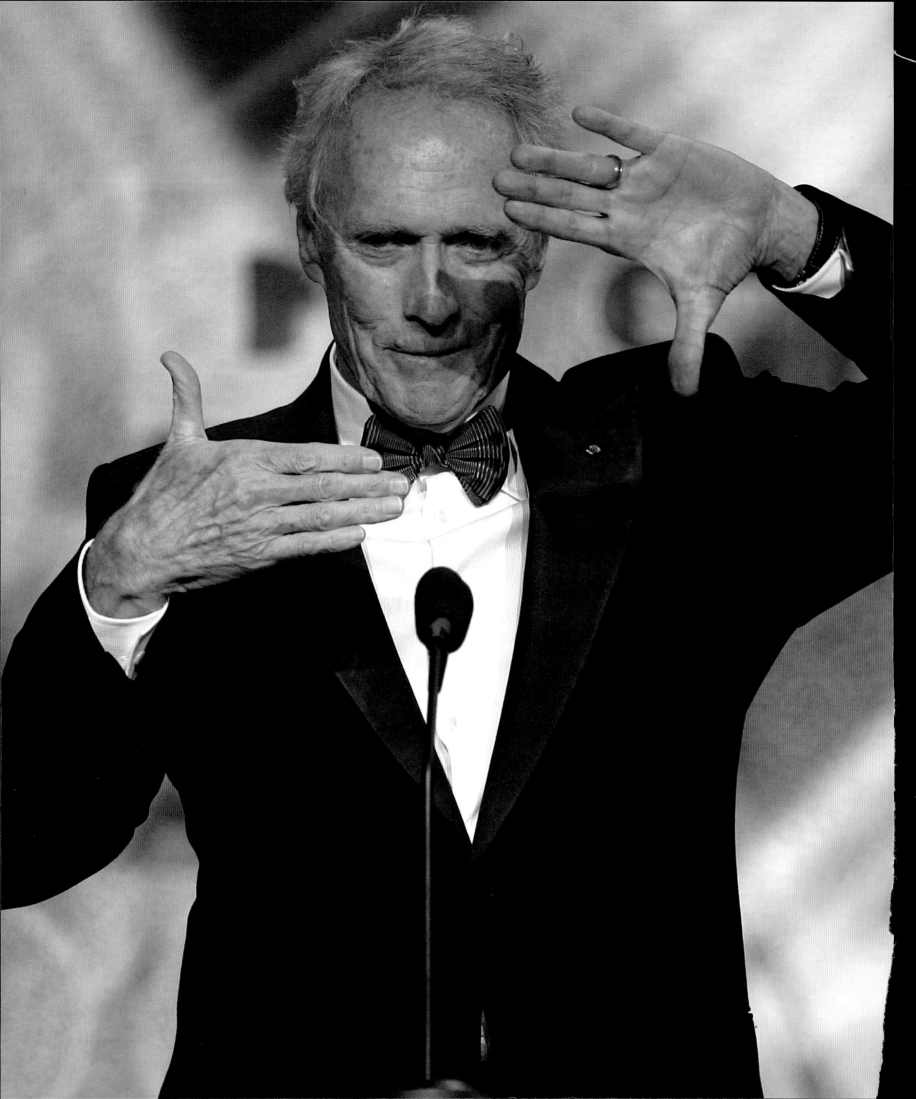

Clint: toda una trayectoria

1. **Me gusta ver entrar a Clint en un restaurante. O, para ser más exactos, me gusta *no* verlo entrar a un restaurante. Él se enorgullece de conocer la puerta trasera de todos los salones de banquete de Los Ángeles. Ya saben: entrar por la puerta de servicio, cruzar la cocina, subir por las escaleras traseras, abrirte camino hasta el salón y, allí, esperar amablemente a que se presente el premio de turno que están a punto de concederte. Lo mismo ocurre con los restaurantes baratos: Clint parece conocer todas las puertas traseras de la ciudad.**

Y ahí está él, con una amplia sonrisa, dispuesto a hincar el diente a su plato de pescado, pasta o pollo, quizás con una cerveza o una copa de vino blanco, y una agradable conversación, a veces larga y siempre improvisada. El motivo de estas serenas tácticas evasivas es simple: evitar a los paparazzi y la multitud de fans que normalmente los acompañan. Parece que le choca un poco seguir siendo objeto de su atención a sus casi ochenta años. ¿Aún no han tenido bastante?

He estado con él cuando, por más que ha intentado evitarlo, toda esta gente lo ha acabado rodeando. En general, Clint es agradable con ellos (a la mayoría los conoce de vista), firma autógrafos, rechaza educadamente sus regalos (cosas como cómics de la serie televisiva *Rawhide*, que no le interesaban en absoluto), hasta que por fin logra liberarse. Pero, en alguna ocasión, le he visto enfadarse con ellos: «¡Oye, hijoputa, es la tercera vez que te veo hoy! ¡Ya basta!».

A veces se anticipa a los hechos. Una vez fuimos a dar una conferencia a la UCLA y lo acecharon en el aparcamiento después de la sesión. Clint se fue hacia su viejo aunque impecable Mercedes, me hizo un gesto (íbamos a comer con un amigo) y salió volando con los fotógrafos persiguiéndolo a toda velocidad. Y es que a veces le gusta eso de atravesar las calles a toda velocidad, subir callejones y cruzar aparcamientos para despistar a la larga cola de perseguidores. Cuando llegó a comer, nos divirtió con sus ingeniosas e improvisadas tácticas evasivas.

El gusto de Clint por esta clase de acontecimientos imprevistos e inexplicables se ha reflejado en alguna ocasión en películas como *Infierno de cobardes* y *El jinete pálido*, en las que interpretó a personajes que aparecían casi como fantasmas (aunque él nunca ha querido admitir esa identificación). Pero con independencia de la película, a él nunca le ha gustado que se preparara al espectador, sobre todo en lo que se refiere a sus propios personajes. Siempre dice que a los espectadores les gustan las películas con un final abierto. Un misterio resuelto es un misterio que se olvida; en cambio, un misterio que no termina de resolverse es muy posible que siga intrigando al espectador mucho tiempo.

Su aire misterioso es, sin duda, un modo de preservar su propia intimidad, aunque, en el caso de Clint, también ayuda el hecho de medir más de un metro noventa, que todo el mundo crea que llevas un Magnum del 44 encima y contar con una gran experiencia para enfrentarte con admiradores medio chiflados. Pero ésa es la quintaesencia de Clint. En cualquier ocasión, salvo en los Oscar, Clint conduce su propio coche para ir donde sea, sin protección. Y puede que por eso tenga tantas casas (seis la última vez que las conté), todas ellas, salvo la de Los Ángeles, en vecindarios que se toman la molestia de defender su derecho a pasear libremente por la calle. En Carmel, donde tiene su primera residencia, va al cine con su mujer y sus hijos como cualquier otro ciudadano.

PÁGINA ANTERIOR Clint recibe del Sindicato de Directores el Premio a la Trayectoria.

La inquietud pasó a formar parte de su carácter muy pronto. Durante la Gran Depresión, su padre tuvo que buscar trabajo, por lo que su familia fue vagando a lo largo y ancho de la Costa Oeste. Este ir y venir forjó una familia muy unida que, a pesar de lo duro que podía resultar para un muchacho tímido acostumbrarse a ser siempre el nuevo de la clase, fue la fuente de los valores básicos de Clint y quizá también del elemento característico de sus personajes en la pantalla: ya desde *Por un puñado de dólares*, su primer *spaghetti-western*, muy a menudo ha interpretado al tipo que llega a una ciudad, encuentra a un grupo de gente normal sometida a alguna clase de maldad, ayuda a enderezar las cosas y después desaparece sin dar ninguna explicación.

Por otro lado, forma parte de su naturaleza ser un hombre disciplinado con un paso y un ademán que han permanecido imperturbables en los treinta y tres años que hace que lo conozco. Supongo que también es producto de su infancia, del tiempo en el que deseaba una existencia más estable de lo que su familia pudo darle hasta que por fin echó raíces en Oakland, cuando Clint era ya un adolescente. En ese sentido, le gusta referirse a sus películas en términos de «hilos rectos»: historias y personajes que avanzan por un camino predeterminado, incluso cuando, en ocasiones, ese camino permanece oculto al espectador. Sin duda, tiene mucha fe en el destino, en cómo arrastra a las personas.

A mí nunca me ha parecido que él mismo se considerara enigmático. Sabe quién es y qué significa para el mundo que lo observa. Sin embargo, su vestimenta habitual consiste en un polo, pantalones chinos y zapatillas, todo ello acompañado de sus andares tranquilos, su habitual expresión tímida y su sonrisa cauta. Una vez la prensa estaba entrevistando a un amigo nuestro y un par de periodistas llamaron a Clint para que hiciera un comentario: «¿Cómo quieres que lo haga? –preguntó a nuestro amigo–. ¿En serio o en broma?». A ambos nos pareció obvio que prefería la segunda opción. Diría que a lo largo de los años ha tomado el pelo, o engañado del todo, a unos cuantos espabilados de Hollywood con su amable ironía.

Nos conocimos en casa de unos amigos comunes el verano de 1976, poco después del estreno de *El fuera de la ley*, una película que me gustó mucho y que había recibido una buena crítica. Mi primera impresión fue que era un hombre atento y comedido, sin ningún interés por destacar. Escuchó, participó tranquilamente en la conversación y mostró interés en conocer a un crítico cinematográfico, algo que en aquellos días era para él poco menos que un perro verde. Por aquel entonces, no se le daban demasiado bien sus encuentros formales con la prensa. Era tímido y, según creo, se sentía algo incómodo porque no contaba con una buena formación (sólo un semestre en un instituto). Pero siempre se ha esforzado mucho por superar lo que considera deficiencias y la verdad es que, con los años, ha mejorado bastante como entrevistado.

En los años siguientes, comimos juntos alguna vez que él vino a Nueva York o yo fui a Los Ángeles. Estas visitas no siempre coincidían con el estreno de alguna de sus nuevas películas, lo que le hacía único entre los cineastas, de quienes sólo se tenía noticia cuando estrenaban un filme. Me parece significativo que no recuerde nada de lo que hablábamos. He aquí la prueba de lo informales que eran nuestros encuentros. Pero conste en acta que nos hicimos amigos.

2. Lo que más recuerdo de aquella primera época son algunas de los encuentros en Los Ángeles. Clint tenía en el garaje una cafetera a modo de coche que había salvado del chatarrero en alguna de sus películas y le gustaba pasearse por ahí con él para ir a algún garito de Los Ángeles que alguien le había recomendado, a un chiringuito de chili en lo más profundo del Valle. Los camareros y los clientes lo reconocían, por supuesto, pero nadie pasaba de poner cara de sorpresa o quizás señalarle con un ligero movimiento de cabeza. Creo que entre la mayor parte de su público siempre se le ha considerado tácitamente uno de los suyos: un hombre de clase trabajadora sin ninguna necesidad de ocultar esa identidad. Ni de sacar provecho de ella.

Así, de pronto, me viene a la cabeza una película, *Cazador blanco, corazón negro*, en la que interpretaba justo la actitud contraria, y creo que el hecho de que trabaje con tanta constancia tiene un efecto tranquilizan-

PÁGINA ANTERIOR Foto tomada por Jack Robinson para *Vogue*, 1969.

te sobre la gente. Tienes un trabajo, lo haces y encima tienes la suerte de que sea más interesante y gratificante que el mío. «Sólo soy un tipo que hace películas» dijo una vez, y eso es lo que a la gente le gusta, sobre todo sabiendo que las hace con parquedad, eficiencia, sin pretensiones y sin grandes ni tediosas autorreflexiones.

Cuando hizo *El fuera de la ley*, se encontraba en un punto interesante de su carrera. Los años de aprendizaje (la mayoría adquirido en pequeñas dosis) habían quedado muy atrás, pero no habían caído en el olvido, sobre todo para él. Al mirar atrás, uno se da cuenta de que aquel hombre alto, de pelo castaño claro y carácter vergonzoso no era el típico que ascendía al estrellato tal como se entendía en aquel tiempo. Los hombres que triunfaban entonces eran más morenos, más decididos, más románticos. A menudo pienso que Clint llegó hasta donde ha llegado desde mucho más atrás que la mayoría. Su llegada al estrellato no fue ni mucho menos algo que ocurriera de la noche a la mañana. Después de perseverar y reunir un colchoncito para mantenerse a sí mismo y a su mujer, Maggie, se vio recompensado con un papel de larga duración, el de Rowdy Yates en la serie *Rawhide* que, a su vez, lo llevó al mundo de los *spaghetti-western*s, que lo convirtieron, si no en una estrella, sí al menos en una posible estrella, transformando su timidez natural en algo más amenazador e irónico.

En 1976, habían pasado ocho años desde que había trabajado en el último *spaghetti-western* y había participado en quince películas norteamericanas, sobre todo para Universal. Entre estos filmes se encontraba su primer proyecto como director, la deliciosa y atemorizante *Escalofrío en la noche*, así como la subestimada *El seductor* (dirigido por Don Siegel), dos extrañas y oscuras introspecciones en la falta de delicadeza masculina en temas sexuales y la venganza femenina contra ese macho descuidado. Ambas películas hicieron que se le reconociera en el gremio.

Pero Clint no estaba a gusto en Universal. Él decía que era porque odiaba la excesiva intromisión por parte de los estudios en su vida privada, pero sospecho que también influía el ambiente frío, propio de una fábrica, de aquel lugar. Así pues, cuando su amigo y abogado Frank Wells entró a formar parte del equipo de dirección de Warner Bros. (los otros eran el avispado John Calley y el ex agente Ted Ahley), se mostró receptivo a sus propuestas. De hecho, ya había trabajado allí unas cuantas veces en sus años de aprendizaje y se sentía «como en casa». De niño, le encantaba James Cagney, que aún hoy sigue siendo su actor preferido («un actor sin miedos; simplemente se tiraba a la piscina de cabeza»), y también Bogart, en especial por sus cómicos cortes de pelo nada favorecedores en películas como *El último refugio*.

Pero lo más importante era que Warner Bros. había adquirido un guión al que Clint había estado siguiendo los pasos: *Harry el sucio*. En aquellos momentos ya era una estrella, de eso no hay duda, pero *Harry el sucio* lo convirtió en una superestrella, algo que tampoco admite discusión, a pesar de que Pauline Kael, en su incesante cruzada anti-Eastwood, la calificara de «una obra maestra fascista». Clint siempre ha dicho que no le importaba que hubiera controversia, sino que lo que le preocupaba era que lo encasillaran. Puede que pensara lo que me dijo hace poco: «Con los *westerns* tenía éxito, así que sólo hacía *westerns*. Luego los dramas policíacos tuvieron éxito, por lo que pude limitarme a hacer dramas policíacos y echarme a dormir. Hacer unas cuantas series, cobrar los cheques, tomar unas cervezas y vivir bien». Pausa. «Pero con eso no me bastaba. Personalmente, no me bastaba».

En realidad, estaba decidido, mucho antes de *Escalofrío en la noche*, a ser director. Un actor, según él, era sólo un «componente» en el proceso de realización de la película. Y veía en esa profesión grandes posibilidades de terminar aburriéndose. Muchos actores, dice él, «simplemente quedan atrapados en un cierto género y acaban por no querer hacerlo más; se cansan de llevar Kleenex en el cuello de la camisa».

Implícito en el cortejo con Warner Bros. estaba el compromiso de asumir la responsabilidad de tomar las riendas de su propio destino como director-productor. Pero jamás se dijo en estas palabras. Clint sólo comentó: «Se acabaron los tours», y aceptó. «Se cerró el trato en un día», dice sobre cuando se mudó al pequeño *bungalow* español, conocido como «The Taco Bell», que había sido camerino de Dolores Costello, así como

PÁGINA ANTERIOR Consulta del guión durante el rodaje de *Rawhide* con el director, James P. Yarbrough, y la coprotagonista, Karen Sharpe, 1962.

15

despacho de Harry Warner y Steve McQueen. Clint mantuvo el lugar, salvo por unas cuantas manos de pintura y algún póster, básicamente intacto, evitando la costumbre hollywoodiense de dejar que las esposas y novias redecoraran su oficina.

El fuera de la ley fue el primer producto de Clint en su nueva era Warner. Como casi todos sus filmes, sus raíces se encuentran en la tradición de género: es, por supuesto, un *western*. Y su protagonista, Josey Wales, es un personaje evidentemente eastwoodiano: un solitario taciturno que vaga por tierras salvajes desde que unos asaltantes huidos de la guerra civil le quemaron la granja y asesinaron a su familia. Sin embargo, poco a poco, y esto es lo que hace de la película algo memorable, una familia adoptiva, un jefe indio y una misteriosa mujer india, una especie de esposa (encarnada por Sondra Locke, cuya larga relación con Clint empezó en ese rodaje) y su abuela, entre otros personajes, lo arropan. Incluso aparece un perro callejero. Así pues, se repite la recurrente *troupe* de Eastwood: un grupo necesitado y desorganizado que él, con su sentido del deber típico del Oeste, organiza a la vez que pasa por un proceso consistente en dejar atrás su hostilidad para volver de forma paulatina a su antiguo yo de pacífica figura paterna.

El fuera de la ley es una película espaciosa, con un desarrollo más bien tranquilo, aunque con bastantes tiros como para satisfacer a los más fieles seguidores de Clint. Y siente cariño por ella: «Creo que es tan buena como *Sin perdón*», me dijo una vez. «Sólo que quizás no se estrenó en el mejor momento; algunos no estaban preparados para ella». Por «algunos» se refería a los críticos (la película fue un taquillazo), que aún veían sus filmes de Leone como ejercicios de brutalidad en lugar de como lo que eran, astutas actualizaciones de un género manido, y seguían creyendo que Harry Callahan era políticamente incorrecto. Como todos sabemos, al final iban a cambiar de opinión. Mientras tanto, Clint volvería a centrarse una y otra vez en el tema principal de la película con creaciones tan diversas como *Bronco Billy*, *El jinete pálido* y las más recientes *Million Dollar Baby* y *Gran Torino*.

3. Harry Callahan ha sido la cara negativa de su típico espíritu familiar agradable, un solitario radical desde la muerte de su esposa, un adicto al trabajo al que espera una cerveza y quizás un pedazo de pizza en la nevera cuando llega, ya de noche, a su triste apartamento. Clint insiste en que fue ese aspecto de Harry, más que su opinión sobre la polémica «decisión de Miranda» (y otros casos judiciales que amparaban los derechos de los delincuentes a expensas de sus víctimas), lo que le atrajo de este personaje. De algún modo, era como cualquier dependiente sin vida propia al salir de su insulso trabajo. Excepto que en el caso de Harry el trabajo no era insulso. Tiene sus momentos pesados, cierto, pero también resulta a veces emocionante y, al estar tan relacionado con la maquinaria burocrática de San Francisco, le brinda la oportunidad de «tomarse la justicia por su mano», momentos en los que sacia la sed de fantasía de su más que fiel público.

Considero que *Harry el sucio* (magníficamente dirigida por Don Siegel, el director que acompañó y fue mentor de Clint en aquella época) y su segunda secuela, *Harry el ejecutor* (donde por un tiempo breve encuentra el amor en la astuta, regordeta y siempre adorable Tyne Daly), son dos películas importantes y satisfactorias de la tradición más populista, que mezclan temas dolorosamente humanos con un formato de acción con muy buenos resultados. «Es posible que haya hecho una o dos más de las que debí haber rodado», admitió Clint años más tarde, pero todas resultaron rentables y, por otro lado, hacerlas le permitió conservar su cómoda relación con los responsables de Warner Bros.

Como todos sabemos, dicha relación se basa en un apretón de manos, cada proyecto con sus propias condiciones, aunque por lo general Clint renuncia a cobrar grandes importes por adelantado a cambio de una contundente e inmediata participación en los beneficios. Una reciente biografía no autorizada lo describe en su título como un «americano rebelde», lo que en realidad no tiene ningún sentido: la carrera de Clint, como tantas otras grandes carreras cinematográficas (Alfred Hitchcock o Howard Hawks, por ejemplo), se basa en mantener una relación lo más fluida con su estudio.

PÁGINA ANTERIOR Un solitario taciturno de paseo por un entorno salvaje; Clint como *Josey Wales*.

En efecto, trabaja tan rápido y a destajo que es casi imposible que el estudio pierda dinero con sus películas. Sin embargo, nunca se cansa de advertir a los directivos: «No os puedo garantizar que la película sea un taquillazo. Lo único que puedo hacer es intentar hacer una película que haga que os sintáis orgullosos de ver vuestro logo en el encabezamiento».

Pero la cosa no acaba ahí ni mucho menos. «Si alguien pone dinero para que hagas una película, no hay motivo alguno para faltarle al respeto. Quieres hacerlo lo mejor que puedas para ellos. Eso no significa tampoco que tengas que cortar escenas porque son demasiado caras», reflexiona. «Sin embargo, al menos no derrochas. No ruedas un montón de escenas que después no vas a usar ni vuelves a rodarlas porque las hiciste mal a la primera. Tienes que hacer las cosas de este modo. Si no, no te querrán y eso no te interesa».

Es una afirmación realmente radical. Piensen en el montón de reportajes que hemos leído a lo largo de décadas acerca de directores y estudios que se enfrentan entre sí por la producción y presentación de películas, así como en la cantidad de filmes que los estudios han arrebatado de las manos de su autor para recortarlos. Piensen también en los legendarios excesos presupuestarios, que acabaron con más de una carrera, de películas como *Cleopatra* o *La puerta del cielo*. Piensen ahora en un tipo que ha entregado todas sus cintas antes del plazo previsto y por debajo del presupuesto inicial. A continuación piensen en los treinta y cinco años que Clint lleva en Warner Bros; la relación más larga de un actor-director con un estudio de cine de toda la historia del cine (una relación que abarca, de hecho, la tercera parte de la historia del propio medio), y se encontrarán reflexionando fuera del estrecho cauce histórico en el que tratamos de encorsetar nuestra idea del pasado del cine.

4. En aquellos primeros años en Warner Bros. «prácticamente nos llevaba a cuestas», recuerda John Calley, una circunstancia que le llevó a confiar casi ciegamente en su instinto. En aquella época, se decía que Clint y el estudio trabajaban según la política de «una por ti, una por mí», pero la realidad era un poco más complicada, aunque tal vez sea más correcto decir que era una situación mucho menos calculada. Si descontamos la mayor parte de las secuelas de *Harry el sucio* y unos pocos títulos más, Clint nunca ha sido un desarrollador de ideas. No suele dedicar mucho tiempo a reunirse con guionistas y revisar un borrador tras otro. Los guiones más o menos acabados tienen tendencia a fluir hacia él, que los lee y entonces toma una decisión casi al instante. En el caso de *Bronco Billy*, por ejemplo, encontró el guión abierto sobre la mesa de un ayudante. «Pensé leer cuatro o cinco páginas», recuerda, «pero al final acabé leyendo todo el texto en ese mismo escritorio». Supongo que podríamos decir que estaba escrito «para él», dado que no generó grandes beneficios para el estudio y exploraba de forma cómica el tema desarrollado en *El fuera de la ley*.

Se ha dicho que el guión de *Duro de pelar* (la película en la que Clint interpreta al poco prometedor Philo Beddoe, al que da réplica Clyde, el orangután) le llegó con la esperanza de que se lo pasara a su amigo Burt Reynolds, que acababa de cosechar un éxito de 100 millones de dólares con *Los caraduras*.

Sin embargo, Clint se quedó con él, para desesperación del estudio y de sus asesores más cercanos. Creo que percibió que había llegado el momento de cachondearse un poco de su imagen de macho. Calley fue prácticamente el único que lo apoyó: «Si quiere hacer una película sobre un mono, dejad que la haga», recuerda haber dicho. «Si me dijera que saliera con un mono, lo haría». Se llevó a cabo una proyección para los jefazos del estudio y alguien murmuró que era imposible estrenar aquello, pero Calley no estuvo de acuerdo: «Alguien va a ganar mucho dinero con esta película», sentenció. Y así fue, pues se convirtió en la película más taquillera de Clint hasta la fecha.

Así, una película que desde el punto de vista de los beneficios podría considerarse «por ellos», en realidad era una «por él». De hecho, la que tal vez sea la mejor película que hizo entre finales de la década de 1960 y principios de la de 1980, *La fuga de Alcatraz*, no se rodó para Warner Bros. Don Siegel controlaba el guión de Richard Tuggle y se había enemistado con Warner Bros. y, hasta cierto punto, incluso con el propio Clint. Sin

PÁGINA SIGUIENTE Como superestrella en el papel de Harry Callahan, *Harry el sucio*, 1971.

duda tuvo algo que ver en ello el ascenso de categoría que éste había protagonizado desde que habían rodado la primera de las cinco películas que hicieron juntos, ya que Siegel, que siempre había sido una figura magistral para Clint, sentía que los términos de su relación habían cambiado. Solucionaron sus diferencias con una cerveza y un sándwich (Clint habla de Siegel a menudo y siempre con mucho cariño), pero rodaron la película para Paramount.

Durante los ocho años siguientes a *El fuera de la ley,* Clint hizo diez películas, casi todas ellas muy entretenidas, muchas un poco excéntricas y en su mayoría exitosas desde el punto de vista comercial. De todo el lote sólo una, *Firefox* (una regresión al modelo de aventura a gran escala de la vieja *El desafío de las águilas*), carece por completo de interés, pero una de ellas, *El aventurero de medianoche,* la más barata y menos rentable de las diez, merece una atención especial. Se trata de una obra de época sobre la década de 1930 que aborda la historia de un cantante de country llamado Red Stoval quien, tras toda una vida en la carretera cantando a cambio de la voluntad, recibe una oferta para realizar una audición ante el Grand Ole Opry. Junto a su sobrino de catorce años (muy bien interpretado por Kyle, el hijo de Clint), que le sirve como conductor y como voz de la conciencia, se lanza a la carretera con destino a Nashville. Antes de llegar a su destino viven toda una serie de cómicas aventuras y, cuando por fin llega al escenario, las posibilidades de éxito de Red se evaporan al sobrevenirle un ataque de tos (aunque graba algunas canciones que, según se deduce implícitamente de la película, le garantizarán un pedazo de inmortalidad).

La película fue recibida con desagrado general (el público no estaba preparado para ver a Clint en un papel tan antiheroico), pero eso no es lo importante. Una de las cuestiones que se repiten en la mente de Clint es la autodestrucción, un tema que volvería a tratar en *Bird*, en un tono más sombrío, seis años más tarde. Verna Bloom, que interpretaba a la hermana de Red en *El aventurero de medianoche*, me confesó en una ocasión que le parecía que Red era como bien podría haber sido el propio Clint en caso de haber fracasado, un personaje amistoso, inquieto, capaz de hacer un buen trabajo que pasa prácticamente desapercibido y con una integridad que sólo unos pocos perciben. En un momento dado, Clint se pregunta: ¿Es posible que esos hombres tengan tanto miedo al fracaso que inconscientemente lo deseen? ¿O es que lo que les aterra es la posibilidad de tener éxito?

Sea cual sea la respuesta, comenta: «Me gustaría agarrarlos por los hombros, sacudirlos y decirles: "Eh, tienes algo genial aquí dentro, no lo eches a perder"». Aunque, por otra parte, es un fatalista. Cree, y no sólo en el caso de los músicos jodidos, que fuerzas irresistibles y por lo general inexplicables controlan nuestras vidas y que, por mucho que sacudamos a alguien de buena fe, no lograremos cambiar el curso que alguien haya tomado. Creo que tal vez ése es el motivo por el que no suele desarrollar un proyecto desde su mismo origen. El destino le pone un guión delante, él percibe su valor y se lo queda. «Supongo que me gusta bastante la idea de Bill Goldman: "Nadie sabe nada"».

En una ocasión le pregunté si alguna vez se había dado el lujo de reflexionar largo y tendido antes de embarcarse en un proyecto. Reflexionó un buen rato y entonces respondió que se lo había pensado mucho antes de aceptar *En la línea de fuego*. Le gustaba el guión, pero como acababa de dirigir y protagonizar *Sin perdón*, no quería volver a desempeñar ambas funciones, de ahí que propusiera contratar a otro director (que terminó siendo Wolfgang Petersen). Tras ello, cerró el acuerdo. ¿Cuánto tiempo se alargó la negociación? «Bueno, unos pocos días».

5. A finales de la década de 1970 y principios de la de 1980, Clint comenzaba a amasar los mareantes beneficios que conforman un crudo indicador de su éxito personal: 1.800 millones de dólares en taquilla en Estados Unidos y 2.300 millones en todo el mundo, a lo que hay que añadir cerca de 500 millones en ventas de vídeo. Estas cifras, además, no incluyen los dividendos procedentes de las películas realizadas fuera de Warner Bros. ni en concepto de derechos de otro tipo, como por ejemplo de licencias de

PÁGINA ANTERIOR Clint con su hijo Kyle al piano, tocando jazz, 1978.

televisión o los beneficios de *Gran Torino*, que dólar arriba, dólar abajo, con toda probabilidad es su producción más rentable.

Tampoco es que hayamos hablado nunca de algo tan vulgar como el dinero. Una vez, hace más de una década, admitió que tenía suficiente para «acomodarse», aunque haraganear no es precisamente una actividad que ocupara un lugar muy alto en su lista de prioridades, como tampoco lo es ahora. De hecho, ha expresado en alguna ocasión su «gran sorpresa» sobre los motivos por los que «Billy Wilder, Frank Capra y otros muchos directores maravillosos se retiraron al entrar en los sesenta». Evidentemente, como él mismo reconoce, tuvieron algunos «malos tragos» en el tramo final de sus carreras, «pero ¿sabes una cosa?, también pasaron por malos tragos en sus días de gloria. Hay que continuar, seguir adelante», como John Huston, «haciendo buenas películas hasta el final, aunque sea sentado en una silla de ruedas con una mascarilla de oxígeno».

En realidad, nadie espera ver en ese estado a Clint, que podría ser el hombre de su edad más en forma del planeta. De hecho, su longevidad en el cine se debe en parte a que es un director que no escribe. La redacción del guión, sobre todo para los directores mayores, es en cierto modo la parte más dura del proceso debido a que se cobra un precio emocional en lugar de físico. Y aún más importante es el hecho de que lleva una vida profesional de lo más austera, lo cual le permite concentrarse en el proceso de hacer una película paso a paso, un proceso que es, o debería ser, bastante claro si uno no se permite distracciones egocéntricas como las negociaciones, las exigencias de estatus o la búsqueda de publicidad a toda costa. Éste es el sencillo secreto de sus películas siempre dentro de plazo y por debajo del presupuesto previsto. Por supuesto, también es el motivo por el que ha sido capaz de hacer tantas películas en comparación con sus colegas de profesión.

Por otro lado, esta productividad también alivia la presión al hacer cada filme. Si sólo haces una película cada tres o cuatro años, al punto se enmarca en la categoría de «muy esperada», lo que eleva las expectativas del estudio, la crítica y el público hasta cotas a menudo imposibles de satisfacer. Si, por el contrario, haces una o más películas al año, te puedes permitir el lujo de decir: «De acuerdo, ésta no ha ido muy bien. Estupendo. ¿Qué te parece la nueva?».

En una ocasión retó a Joe Hyams, el perspicaz y culto vicepresidente de Warner Bros. que gestionó sutilmente las relaciones públicas de Clint durante un par de décadas, a que citara diez películas de Clark Gable, algo que, por supuesto, no fue capaz de hacer. Lo que Clint le quería dar a entender era que, en la época clásica del cine, lo que importaba era ser en todo momento una presencia ineludible al ojo del espectador, una estrategia que precisaba cierta fecundidad por parte de la estrella. En su opinión, el público toleraba mejor una película algo floja que una larga ausencia.

Así pues, entre finales de la década de 1970 y principios de la de 1980 se mantuvo activo en todo momento. Como ya he sugerido antes, y siempre exceptuando *La fuga de Alcatraz*, sus películas sin pretensiones son las que más me gustan. Las películas del orangután, *Bronco Billy* o *El aventurero de medianoche* parecen reflejar al Clint que yo había llegado a conocer de un modo más claro que sus aventuras de tono más muscular. Entonces, en 1984, se estrenó *En la cuerda floja,* un momento en el que, como me confesó una vez Hyams, «mi trabajo pasó a ser mucho más fácil». En ella Clint interpreta a un detective de Nueva Orleans llamado Wes Block, que persigue a un asesino depravado y descubre que, aunque en un tono más suave, comparte algunos de los gustos de éste. Tiene una explicación: Wes ha sufrido un divorcio amargo, tiene la custodia de sus hijos y odia a las mujeres. El problema se resuelve con bastante facilidad cuando conoce a una trabajadora social (Geneviève Bujold). Por lo menos algunos críticos se percataron del hecho de que, aun moviéndose en los confines del cine de género, Clint interpretaba a un personaje bastante peculiar.

En las películas, el mayor pecado de un policía caradura (aunque salvable) acostumbra a ser la tendencia a emplear una «fuerza excesiva» en sus investigaciones, como es el caso de Harry Callahan, y no a esposar putas a la cabecera de la cama. Clint interpreta a Wes dotándolo de una dulzura considerable cuando la oscuridad no se apodera de él y se nos da a entender que su conducta aberrante es temporal. Sin embargo, ¿qué otro actor se había aproximado siquiera a este tipo de negrura interior? «Fue divertido interpretar ese papel», confiesa Clint, a la vez que reconoce que llegado a ese punto comenzaba a aburrirse de interpretar a Harry el sucio. Hyams, por su parte, se mostraba más entusiasta y publicó un anuncio en *The New York Review of Books* citando las excelentes críticas que cosechó la película.

Durante los ocho años siguientes, que culminaron con *Sin perdón*, la frontera entre las películas de género de Clint y sus obras con mayores aspiraciones se volvió más borrosa. En *El jinete pálido*, por ejemplo, era un pistolero que acudía, al estilo de *Raíces profundas*, al rescate de familias de una comunidad minera víctimas de abusos. Sin embargo, nos llevan a pensar que también es un fantasma, aunque sea uno aficionado al whisky y a las mujeres solteras y, por más que vaya ataviado como un predicador ambulante, no es lo que llamaríamos un mensajero del Evangelio. En *El sargento de hierro* interpreta a un sargento de instrucción que se dedica a soltar hilarantes retahílas de obscenidades a sus tropas, aunque no menos hilarante resulta como marido desconcertado que intenta recuperar a su antigua esposa (Marsha Mason) y no duda en documentarse en revistas femeninas que loan las virtudes del nuevo hombre, más sensible. «Logramos comunicarnos estupendamente durante nuestras relaciones», le dice a Mason, a lo que ella contesta: «¿Relaciones? ¡Coño, creí que estábamos casados!».

6. Junto a *Bird* (1988) y *Cazador blanco, corazón negro* (1990), estas películas constituyen los inicios del cuestionamiento más o menos consciente de la mayoría de las premisas más extendidas sobre la masculinidad norteamericana.

De hecho, era un tema que llevaba mucho tiempo rondándole por la cabeza. En su etapa de joven actor había formado parte de un programa de formación de talentos en Universal, haciendo pequeños papeles mientras estudiaba interpretación. El estudio no buscaba intérpretes de carácter, sino estrellas en potencia, por lo que le aconsejaron que actuara con un punto «gallito». No obstante, es un tipo de consejo que Clint asegura no haber escuchado nunca, ni siquiera durante el servicio militar. La gente le decía: «Entra en la comisaría como si fuese tuya», y él pensaba: «Pero si no es mía». O bien le decían: «Ven aquí y tira la pared de una patada», aunque él pensaba que aquello no era exactamente lo que pedía el guión. «Siempre he pensado que no hace falta tomarse una pastilla para ser más varonil», suele decir, y cuenta la anécdota de cuando conoció al campeón de los pesos pesados retirado e invicto Rocky Marciano. «No intentó romperme la mano ni nada parecido. De hecho, me dio la mano con suavidad, casi como una mujer. No necesitaba demostrarme nada; sabía quién era».

Así es como educaron a Clint. Su padre era «una persona muy amable, pero siempre nos enseñaba a respetar a mi madre y para él la unidad familiar era muy importante. No era agresivo. Más bien lo contrario. Crecí rodeado de hombres como él, que nunca tenían dudas respecto a sí mismos».

¿Es posible que este detalle lo explique todo? Creo que sí, pero tal vez con matices. La manera como los Eastwood se cuidan entre ellos tiene un punto de sencillez. Sin embargo, en sus peores años fueron una familia cuando menos con el agua al cuello. Sin duda, Clint tuvo que percibir esa inseguridad. En mi opinión, ése es el motivo por el que sus personajes acuden tan a menudo al rescate de familias decentes pero en apuros, personas desconcertadas y heridas por el fracaso de sus sueños. Creo que ésa es la razón por la que su actitud es tan humilde. Mientras hablamos, me lanza una mirada sobria. «Ahora no actuamos. Estamos en la vida normal. Así que sé un tipo normal».

Eso nos lleva a *Bird* y a su actitud respecto a los tipos anormales como Charlie Parker, una actitud que mezcla el amor con la impaciencia. Era para él claramente el héroe de una adolescencia marcada por el jazz (su familia era melómana, y su madre fue su primera profesora de piano), un hombre capaz de hacer cosas maravillosas con el saxofón, pero también «autodestructivo». Añade: «Lo único que me provoca resentimiento es cuando alguien destruye su propio talento». En ese sentido, compara a Bird con Art Tatum, quien, a pesar de

sufrir un noventa por ciento de ceguera, logró convertirse en «un pianista genial». *Bird* no presenta ninguna explicación para el «crimen» de Parker, sino que sólo se acepta con dolor. Si esta película tan oscura tiene algún elemento de gozo, se deriva de su retrato del mundo de Bird. «Tocaban para ellos mismos. Si les querías escuchar, estupendo y, si no, también les parecía estupendo. No era un negocio como la música pop actual, en la que hay luces, vestidos y un montón de cosas importantes para la actuación además de la música. Ellos sólo se ponían en pie y tocaban». No puedo evitar comentar que es la misma actitud que uno encuentra en un rodaje de Eastwood, distendido, abierto a la improvisación, pero yendo siempre adelante. De hecho, Clint ni siquiera dice «acción» al principio de una toma o «corten» al final; es más probable que diga «Cuando queráis» al principio y «Vale» al final.

Bird tuvo un recibimiento respetuoso y, tal y como el propio Clint ya había advertido al estudio, no fue un éxito de taquilla. Lo mismo puede decirse de *Cazador blanco, corazón negro*, estrenada en 1990. Hubo quien gruñó por el intento de Clint de imitar el acento de John Huston, que de hecho fue bastante decente pero decepcionó a sus fans, mientras «John Wilson» intenta dirigir con aire distraído *La reina de África* con la cabeza puesta en la idea de matar un elefante. Este argumento es en gran medida una ficción inventada por Peter Viertel, un amigo de Huston que trabajó en el guión y escribió una novela sobre dicha experiencia. Pero lo que en realidad molestó al público fue que Clint fuera contra su estereotipo, interpretando al siempre elegante Huston, concentrado en sus escopetas a medida, su gato y las buenas cenas; y, por supuesto, decidido a matar una de las criaturas más nobles del planeta.

Tal y como admite el propio Wilson, es más que un crimen, es un pecado, y lo que interesa a Wilson es sobre todo el pecado a gran escala. Al final se le presenta la oportunidad de disparar, pero fracasa y provoca la muerte de su guía nativo. La última vez que le vemos está derrumbado en su silla del director, rodando la primera toma de la película. ¿Fue simplemente cobardía lo que motivó su fracaso? ¿O fue incapaz de cometer ese pecado? La película no da la respuesta. Clint, tampoco. Lo que sí comenta es que nunca ha disparado contra ningún ser vivo y no entiende el impulso de hacerlo: «Simplemente pienso que están aquí como nosotros, así que, ¿qué sentido tiene disparar contra algo que no necesitas para sobrevivir?». (Clint es un conservador en el plano fiscal y gruñe por las intrusiones del Gobierno, pero desde el punto de vista de los temas sociales, y en temas que van desde el control de las armas al derecho a abortar, es liberal, o tal vez debería decir un libertario no intrusivo. Del mismo modo, tolera mi costumbre de fumar mucho y una o dos veces incluso le he engañado para que bebiera un Martini.)

7. Estas películas formaron parte de un pequeño bache en la carrera de Clint justo por la época en la que cumplió los sesenta (no hablemos de *El Cadillac Rosa, El principiante* o la última secuela de Harry el sucio, *La lista negra*). Él culpa a la falta de disponibilidad de buenos guiones de esta mala temporada, y una vez le pregunté si se preocupó por su carrera durante esta mala racha. «No», me contestó. «Supuse que siempre habría gente dispuesta a arriesgar contigo si estás lo bastante bien considerado. Fíjate en Brando en sus últimos años».

Sin embargo, sabía que tenía un as en la manga o, tal y como él mismo me dijo una vez, «un pequeño reloj de oro en el bolsillo. De vez en cuando lo sacaba, lo miraba y lo frotaba un poco». Evidentemente, estamos hablando de *Sin perdón*. La historia ya es bien conocida: el guión, sobre el cual tenía una opción Francis Coppola, le llegó firmado por David Webb Peoples, lo compró una vez caducó la opción de Coppola y decidió conservarlo durante años, según dijo porque tenía que ser un poco mayor para poder interpretar a William Munny, el héroe atormentado, y creo que también porque le ofrecía un seguro contra cualquier adversidad. Algunos de sus íntimos sabían que poseía este guión y se preguntaban impacientes cuándo se iba a decidir a filmarlo. El momento llegó en 1991, pero no sin antes superar algunas pequeñas dificultades.

PÁGINA ANTERIOR Durante el rodaje de *Bird*, dirigiendo a Forest Whitaker (Charlie «Bird» Parker) y Dianne Verona (Chan Parker), 1988.

25

Clint pensó que tal vez era conveniente reescribir el guión, y Peoples aceptó. «Tenía ganas de rodar de una vez porque el texto llevaba años dando tumbos. Así que comencé a escribir y escribir, toqueteando cosas, cambiando otras. Y de pronto me di cuenta de que lo estaba arruinando. Así que lo llamé y le dije: "Olvida lo que te dije. Voy a filmarlo tal y como es. Las mejoras lo matarían"». Fue el primer guión de Eastwood que leí antes de que se hiciera la película y recuerdo que aquella noche fui a cenar con él y le dije: «Si no la cagas, esta será tu obra maestra».

En aquella época yo vivía en Los Ángeles, Clint había narrado un documental que yo había hecho para la televisión y nos habíamos comenzado a ver más a menudo. Comenté a Joe Hyams que me gustaría hacer un documental sobre Clint, algo que él me había intentado quitar de la cabeza en diversas ocasiones, pero aquel verano mi mujer había fallecido súbitamente y, aunque Clint y yo nunca hemos hablado de ello, siempre he pensado que aprobó la idea porque pensó que necesitaba un cambio, algo que me distrajera del dolor. Siempre he agradecido en silencio ese gesto, porque trabajar en lo más profundo del oeste canadiense resultó una experiencia maravillosa para mí, y mi pequeño documental también salió bien. Como por supuesto sucedió con *Sin perdón*.

Pero no todo el mundo lo vio venir. Clint lo llevó todo con mucha discreción, aunque contrató a actores más conocidos (Gene Hackman, Morgan Freeman y Richard Harris) que de costumbre para que coprotagonizaran la película. Sin embargo, recuerdo que *Los Angeles Times* publicó un artículo antes de que se estrenara en el que mencionaba de pasada la película, de la que se decía que era un *western* más, y definía a Clint como una «estrella en declive» de Warner. Vaya, vaya, la prensa sabihonda divulgando información errónea.

No es necesario volver a hablar del asombroso éxito tanto de crítica como de público de *Sin perdón*, aunque creo que el propio Clint se sorprendió cuando comenzaron los rumores sobre los Oscar. Una vez había confesado a Hyams que no creía que fuese a llevarse bien nunca con la Academia, ya que se consideraba demasiado populista para su gusto. Sin embargo, si tenemos en cuenta que ganó los premios a la mejor película y al mejor director, y la cantidad de veces que desde entonces sus películas han entrado entre las favoritas de la Academia, queda claro que por esta vez los pronósticos de Clint no fueron precisamente infalibles.

Sin perdón es un estudio de dos definiciones de la masculinidad: por un lado, el sheriff Dagget, encarnado por Gene Hackman, es un duro agente de la ley que gobierna un pequeño pueblo gracias al control de armas y a un sadismo mal contenido (tengo un par de amigos de derechas que creen que es el bueno de la película...); por otro, William Munny, el personaje de Clint, es un antiguo pistolero («He disparado sobre cualquier cosa que tuviera vida y se moviera»), un asesino convencido de que su difunta esposa logró reformarlo («He cambiado, Ned»), pero desesperado por cobrar la recompensa que se ofrece por asesinar a dos vaqueros que desfiguraron a una prostituta durante una trifulca en un burdel. Necesita el dinero para salvar a sus hijos de la indigencia. En el pasado, y tal vez incluso ahora, con el alma atormentada por la culpa, no es mejor que Dagget.

Sin embargo, si *Sin perdón* se quedara aquí no sería más que un *western* por encima de la media. Lo que la diferencia de los demás es precisamente el modo como el destino inexplicable mueve a los personajes: los vaqueros malhechores resultan no ser la encarnación del mal, sino tan sólo un par de muchachos bobos y borrachos, y Ned (Morgan Freeman), el mejor amigo de Will, es incapaz de matar a uno de ellos cuando llega el momento. Por si fuera poco, «Schofield Kid», un muchacho fanfarrón y de sangre caliente que los acompaña, resulta ser miope e inútil en un tiroteo. Si Dagget no hubiera matado a Ned a latigazos tras apresarlo, cabe la posibilidad de que Munny y Dagget hubiesen evitado su duelo a muerte final. Sin embargo, la muerte de su amigo da a Will Munny una motivación legal; ya no es por el dinero. Y todo esto sin entrar a hablar de los apasionantes argumentos y personajes secundarios, como el grandilocuente «Bob el inglés» al que interpreta Richard Harris, al que dejan inconsciente a golpes y expulsan del pueblo, o un autor de novelas baratas (Saul Rubinek), que representa la cultura naciente de finales del siglo XIX y escribe un libro (*El duque de la muerte*) sobre los logros fraudulentos de Bob. La película también presenta todo un mundo fronterizo que alcanza su máxima expresión en «Big Whis-

PÁGINA SIGUIENTE Clint dirige el rodaje de *Sin perdón*, 1992.

"Volvemos a la vieja conversación que solíamos tener siempre en las clases de interpretación

cuando llegué a Universal. Te decían: '¿Qué prefieres ser, actor o estrella del cine?'.

Todo el mundo decía que actor, por supuesto. Pero cuando te lo piensas mejor, dices:

'Eh, un momento, ¿quién se lleva los buenos papeles?' Las estrellas. Si eres un buen actor te quedas

ahí sentado, esperando que suene el teléfono, y puede pasar mucho tiempo hasta que suene.

De modo que te tienes que olvidar de todo eso y no preocuparte por lo que significa ser una estrella

del cine, así puedes afrontar papeles con más nivel."

key», el árido pueblo fronterizo que se extiende por la pendiente de una colina, mucho mejor que en cualquier otro *western* que yo conozca. También es el destino el que impulsa ciegamente a Will Munny a través de la historia. «Es lo que me gusta en las historias, tanto en el cine como en el teatro, que el destino te lleve por caminos para los que no estás preparado. Siempre es un elemento dramático apasionante».

Sin perdón significó todo un punto de inflexión en la carrera de Clint, aunque de hecho nunca lo he escuchado hablar en estos términos. Le otorgó el derecho a tomarse a sí mismo en serio y a ser abiertamente ambicioso a la hora de elegir material. Este hecho no significa, sin embargo, que en los años siguientes evitara del todo las películas de género tradicionales (*Poder absoluto*, *Deuda de sangre*), ni tampoco implica que todas sus películas con mayores aspiraciones (*Medianoche en el jardín del bien y del mal*) tuvieran éxito, pero lo cierto es que durante los últimos diecisiete años se ha implicado por lo general en un material que, aunque no deja de abordar sus principales preocupaciones, lo hace de un modo más lúgubre y sobrio.

A mediados de la década de 1990 inicié una biografía de Clint con su consentimiento. No es que fuera una biografía «autorizada», pero cooperó con ella de todos modos. La experiencia fue muy agradable para mí, ambos sentados mientras el anochecer nos envolvía, con la grabadora en marcha mientras Clint se esforzaba en recordar su vida a la luz de una o dos lámparas que iluminaban tenuemente la habitación. Sus películas, de hecho, siempre son bastante oscuras (sus ojos no aceptan demasiado bien la iluminación intensa) y, dejando a un lado los partidos de golf, Clint prefiere que su vida cuente con el mismo tipo de iluminación. Sin embargo, la palabra más importante en mi descripción de estas entrevistas es «esfuerzo».

Si me pidieran que describiera a Clint con una sola palabra, la que elegiría sería «cumplidor»: si se compromete a hacer algo, ya sea una película, una aparición pública o una cena en el Orso's, cumplirá su palabra por muchos inconvenientes o distracciones que se crucen en su camino. Como ya deben de haber deducido a estas alturas, no es un hombre muy dado a poner excusas.

Un buen ejemplo de ello es *Un mundo perfecto*, la película que siguió a *En la línea de fuego*. Resultó ser una decepción en Estados Unidos, tanto para la crítica como desde el punto de vista comercial, pero lo cierto es que Clint continúa convencido, y con razón, de que se trata de una excelente película. Robert Haynes, un prófugo muy bien interpretado por Kevin Costner, toma como rehén a un niño llamado Phillip «Buzz» Perry (T. J. Lowther) y, mientras huyen de la persecución de la policía (dirigida por Clint en el papel de un *ranger* de Texas llamado Red Garnett), se hacen amigos. Haynes es un hombre de buen carácter con un lado oscuro y violento, y el chico, que fue abandonado por su padre, se ha visto privado de la mayor parte de los placeres propios de la niñez (incluida la Navidad) porque su madre, aunque lo quiere, es una cristiana radical. Butch da un poco de libertad al niño, el cual, con su dulzura y su inocencia, convierte a Butch en un ser humano algo más responsable, por más que no puede esquivar un trágico destino.

Tampoco Robert Kincaid puede esquivar un desengaño amoroso en *Los puentes de Madison*. La gente se preguntaba por qué se molestaba Clint en llevar a cabo esta adaptación de la novela de Robert James Waller vilipendiada por la crítica y tan popular. Sin embargo, Clint vio algo más interesante en el breve encuentro entre su fotógrafo errático y la mujer inquieta de un modo bastante cómico interpretada por Meryl Streep. «No creo que ande a la caza de amas de casa por el centro de Estados Unidos», comenta de Kincaid. «El destino simplemente le lanza a ello». Supongamos que Kincaid hubiese girado a la izquierda en lugar de hacia la derecha mientras buscaba los puentes cubiertos de epónimos y hubiera ido a parar a otra granja. Supongamos que al llegar al porche de ella su marido y sus hijos hubiesen estado en casa. Supongamos, sobre todo, que Steven Spielberg, el productor ejecutivo, y Clint no hubiesen ordenado una pequeña variación del guión para que Francesca fuera más activa y se implicara más en su parte del proceso de seducción que en el libro.

Visité el rodaje de *Los puentes* en Winterset, Iowa, y debo decir que se cuenta entre los más felices de todos los rodajes de Eastwood que he visto. Streep y él mantuvieron en todo momento una relación muy amiga-

PÁGINA SIGUIENTE Kyle y Alison Eastwood, hijos de Clint, con él y su esposa Dina en la *première* de *Banderas de nuestros padres*, 2006.

ble basada en el respeto mutuo. La película no era técnicamente compleja y a ella le gustaba el ritmo ágil de Clint («Casi siempre me gusta más la primera lectura que cualquiera de las cosas que hacemos después»), así que para ella aquello era un paraíso. Ya había trabajado con otros actores-directores y Clint recuerda que la escuchó decir que «nunca dejaban de dirigir, ni siquiera cuando estaban en escena, siempre les notaba un ligero brillo en los ojos cuando la miraban de un modo distinto a como la miraba el personaje. Le pareció que yo llevaba bastante bien el cambio de papel en la película».

La prensa no vio nada de todo aquello y se centró en cambio en el tipo duro que interpretaba su primera película romántica sin paliativos. En eso y en el hecho de que derramara algunas lágrimas frente a la cámara. Qué poco típico de Clint.

8. Durante un breve período que coincidió con el cambio de siglo, Clint pareció albergar pocas aspiraciones a la hora de elegir material y se contentó con rodar películas de género (*Poder absoluto, Space Cowboys, Deuda de Sangre*). Sin embargo, hay una notabilísima excepción: *Ejecución inminente*, de 1999. Se trata de una obra de género, una historia periodística en la que Clint interpreta el personaje de un reportero casquivano del *Tribune* de Oakland. Ya se lo pueden imaginar: un bebedor, mujeriego (entre sus conquistas se encuentra la mujer de su editor jefe) y un hombre en plena separación tormentosa. Un día le asignan escribir un pequeño artículo sobre un hombre que será ejecutado esa misma noche en la cercana localidad de San Quintín, pero algo no le huele bien en el caso. Frank Beechum (Isaiah Washington) es en su opinión un hombre decente, y tanto su mujer (Lisa Gay Hamilton) como su hija Gail (Penny Bae Bridges) viven con una conmovedora angustia su última visita al corredor de la muerte. Podría objetarse que el argumento, que incluye una carrera enloquecida con nuevas pruebas exculpatorias mientras el preso se enfrenta a sus últimos momentos, es antiguo (de hecho, se parece mucho a la historia «moderna» de *Intolerancia*, de D. W. G0riffith, estrenada en 1916). No obstante, los Beechum son otra familia eastwoodiana en apuros que necesita que alguien la rescate y que vive angustiada. La niña pierde el color verde que necesita para terminar un dibujo que está haciendo para su padre y todo el personal de la prisión, retratado con una gran humanidad, lo busca hasta el último rincón. Cuando por fin la separan de su padre, su lamento desesperado resulta estremecedor por su desgarro (la actriz se había dado un golpe en la barbilla durante la pausa para la comida y Clint, al darse cuenta de que estaba triste aunque no herida, aprovechó para filmar un momento de asombrosa intensidad).

No pretendo exagerar las virtudes de una película que no deja de ser en esencia una obra de género aunque, por otra parte, recuerda a otras muchas cintas de Eastwood en tanto que combina lo cotidiano con una historia cargada de suspense. Lo más importante es el poder de las secuencias que transcurren en la cárcel y trascienden las normas de la interpretación en películas de género. Además, en cierto modo augura la serie de grandes películas que le han preocupado durante la primera década del siglo XXI. En realidad, podría decirse que se trata de la mayor serie de éxitos sucesivos de la historia del cine, algo todavía más impresionante (para los demás, no para Clint) si tenemos en cuenta que su director cumplió setenta años en el año 2000.

Mystic River, Million Dollar Baby, Cartas desde Iwo Jima y *Gran Torino* son todas películas muy buenas, tal vez incluso geniales, y *Banderas de nuestros padres* y *El intercambio* también son bastante impresionantes. Casi todas ellas fueron éxitos de taquilla y de crítica, y varias también cosecharon numerosos premios (*Million Dollar Baby* ganó los Oscar a la mejor película y el mejor director, a lo que hay que sumar la estatuilla de Hilary Swank a la mejor actriz y la de Morgan Freeman al mejor actor secundario).

Podemos arriesgarnos a formular algunas generalizaciones sobre ellas. Si dejamos a un lado por un momento las películas sobre la segunda guerra mundial, todos los demás filmes abordan el tema de los problemas familiares. *Mystic River* es la más compleja de ellas, y tal vez la película más complicada desde el punto de vista

PÁGINA ANTERIOR Clint como Robert Kincaid y Meryl Streep como Francesca Jonson en *Los puentes de Madison*, 1995.

psicológico de toda la filmografía de Clint. Comienza con tres muchachos que juegan en la calle. Uno de ellos es secuestrado y sufre abusos sexuales, por lo que su vida queda arruinada prácticamente antes de empezar (lo interpreta ya de adulto Tim Robbins, que ganó un Oscar al mejor actor secundario por la elocuencia inarticulada de su trabajo). Los otros dos críos siguen adelante y acaban convirtiéndose en un delincuente de poca monta (Sean Penn) que trata de reformarse y un detective de policía de aspecto impasible pero atormentado (Kevin Bacon) que se hace cargo del caso del asesinato de la hija del primero. La interpretación iracunda de Penn, imponente y sutil, es magnífica, y recibió merecidos elogios y reconocimientos en su momento.

Si Clint, como hemos visto, está obsesionado con el misterioso curso que sigue el destino, éste es el análisis más detallado de sus misteriosos efectos, sobre más gente que los tres protagonistas de *Mystic River*, y a lo largo de más años de los que haya cubierto en cualquier otra obra. De hecho, la película termina con una muerte injusta e impune, y con unas vidas menguadas que siguen sus indescifrables caminos.

Sin embargo, vale la pena hacer una pausa para apuntar que, con una sola excepción (*Banderas de nuestros padres,* que presenta ciertas particularidades), todas estas últimas películas terminan con un punto de tragedia que a veces tiene repercusiones. Al final de *Million Dollar Baby* (malinterpretada como una «película de boxeo» por Warner Bros., que se negó, como ya había hecho con *Mystic River*, a apoyar lo que Clint planteaba como una «historia de amor entre padre e hija»), la boxeadora a la que da vida Hilary Swank queda en estado vegetal y Clint, «su padre adoptivo», le aplica la eutanasia; al final de *Cartas desde Iwo Jima,* un ejército prácticamente entero es borrado del mapa; al final de *El intercambio*, la madre destrozada a la que interpreta Angelina Jolie es incapaz de encontrar a su hijo secuestrado; al final de *Gran Torino,* Walt Kowalski, el personaje que interpreta Clint, se sacrifica por los vecinos inmigrantes a los que a regañadientes ha acabado queriendo. Creo que no es preciso añadir que, con una sola salvedad, todos estos títulos reflejan familias, o simulacros de familia, sometidas a presiones insoportables de uno u otro tipo.

Llegados a este punto, considero que es preciso añadir algunos apuntes a lo dicho anteriormente:

Sobre *el género:* Estas películas pueden interpretarse (o malinterpretarse) como ejercicios de género. En cierto modo, *Mystic River* es, qué duda cabe, la historia de un asesinato misterioso. Vale, tal vez podamos admitir que, a su manera, *Million Dollar Baby* es una «película de boxeo», sobre todo por su delicioso retrato del gimnasio destartalado de Frankie Dunn, sazonado con sus poco prometedores visitantes habituales y el carácter difícil de Frankie. *Cartas* y *Banderas* son, por supuesto, «películas bélicas», mientras que *El intercambio* entra en el grupo nada novedoso de las películas sobre niños desaparecidos. El Walt Kowalski de *Gran Torino,* a su vez, presenta un perfil reconocible, el abuelo políticamente incorrecto que contempla enfurruñado cómo pasa el mundo frente a sus ojos con una mirada desaprobadora. Todo esto no indica gran cosa. Como ya hemos visto, casi todas las películas de Clint tienen rastros de una película de género en su contenido, sea cual sea su ocasional intención auténtica. La diferencia es que, ahora, también cargan con el peso de sus años, de la autoridad que se ha ganado a pulso. ¿Quién pondría en duda su seriedad hoy en día? ¿Quién le va a discutir el derecho a abordar grandes temas? ¿Quién es capaz de nombrar a otro director estadounidense con una capacidad tan inapelable de enfrentarse a temas sobrios de un modo que resulta tan atractivo al gran público?

Sobre *las ideas*: Revisemos el asunto de la eutanasia en *Million Dollar Baby.* Clint es una persona laica, que yo sepa de toda la vida, y sus películas en alguna ocasión han mostrado a clérigos con una estampa de todo menos heroica. Sin embargo, como me reconoció en una ocasión, no tenía la intención de hacer proselitismo en favor del derecho a morir en ciertas situaciones desesperadas. Yo, francamente, al igual que tantas otras personas, no aprecié nada parecido en la película, ya que la muerte piadosa estaba perfectamente entretejida en la trama narrativa de la película, que trata de un hombre alejado de su hija y una mujer separada de su abominable familia que comparten unos meses de felicidad en un mundo marginal. Éste es un ejemplo de inevitabilidad trágica que se impone sobre la ideología.

PÁGINA SIGUIENTE Clint interpreta a Frankie Dunn, el anciano entrenador de *Million Dollar Baby*, 2004.

Sobre *EL PERSISTENTE SUEÑO DE HARRY EL SUCIO:* Hace mucho tiempo que parte de los fans más acérrimos de Clint suplican, casi cómicamente, que haga una última película de Harry el sucio. Incluso me lo han dicho a mí. Alguna vez Clint y yo hemos bromeado sobre ese curioso deseo. Nos imaginábamos a Harry redondeando su pensión trabajando de guardia de seguridad a tiempo parcial. Una noche unos tipos malos invaden el almacén; Harry agarra su pistola y los persigue y entonces, tal y como lo expresó Clint, «CHOF... Se acabó Harry el sucio». Pese a todo, incluso entre algunos críticos, sí que se percibió un cierto deseo de ver a Walt Kowalski en *Gran Torino* como un clon de Harry Callahan. Clint se ríe de semejante idea: «lo más probable es que Harry el sucio hubiera solucionado el problema mucho, muchísimo antes. Y bueno... Digamos que lo hubiera llevado de un modo un poco distinto». Además, tiene un par de asuntos cada vez más claros, uno de los cuales es su deseo cada vez más firme de no «vestirse de corto», que es como denomina él a actuar bajo su propia dirección. Reconoce que es un trabajo agotador y acabó el rodaje de *Gran Torino* más cansado de lo que esperaba al principio (en gran medida, debo decir, porque el reparto era en su mayoría amateur y precisó más atención por parte del director de lo que había supuesto). Por otro lado, también está resuelto a interpretar siempre a personajes de su edad. Como él mismo dice, no hay muchos papeles para hombres con sus años, por muy bien que los lleve. Le puedo imaginar haciendo un cameo en alguna de sus propias producciones, o tal vez para otro director, pero sospecho que Walt bien podría ser su despedida como intérprete. Recuerden que hablamos del tipo que nunca más hizo un *western* después de *Sin perdón* ante el firme convencimiento, como lo expresara él mismo en diversas ocasiones, de que no tenía nada más que decir sobre aquel género.

Sobre *EL DEBER:* Creo que su película más singular en la última década es *Cartas desde Iwo Jima*, porque es la que aborda de modo sutil la calidad que, como ya he mencionado, resulta fundamental en la naturaleza de Clint: el sentido del deber. La prensa y el público centraron su interés en el hecho de que prácticamente filmó esta película junto a *Banderas de nuestros padres*, e incluso aprovechó algunas tomas para *Cartas* mientras hacía *Banderas*, por lo que este tema pasó en gran medida desapercibido. No es que sea algo nuevo que un director haga dos películas de este modo, pero sí es bastante inusual. Lo que realmente no tiene precedentes es que un director estadounidense haga una película bélica que retrate a un antiguo enemigo como protagonista. Se sintió atraído hacia el tema general por pura curiosidad y porque un reducido número de cartas que los soldados japoneses que combatieron en Iwo Jima mandaron a sus hogares le llamaron la atención. Además, el guión más o menos especulativo de Iris Yamashita, que trabajaba para Paul Higgis en el guión de *Banderas*, sobrepasó las expectativas de Clint.

En cualquier caso, creo que lo que más le interesó fue el personaje principal, el general japonés Tadamichi Kuribayashi (Ken Watanabe). En resumidas cuentas, era el tipo de hombre que le gustaba. Hay motivos para creer que le asignaron la misión desesperada de defender Iwo Jima como una especie de castigo por su independencia respecto a los altos mandos imperiales. También había pasado un tiempo en Estados Unidos antes de la guerra y admiraba su espíritu, de ahí que pensara que librar una guerra contra este país fuera una muy mala idea. En la película, siempre va armado con un revólver Colt del 45 con la empuñadura de nácar que le regalaron oficiales estadounidenses.

En cualquier caso, el rasgo principal de Kuribayashi es que es un hombre que cumple con su deber. Sabe que su causa es desesperada y espera morir en Iwo Jima, pero morirá intentándolo, montando una defensa ingeniosa pese a la oposición de buena parte de sus oficiales. También muere como una especie de humanista. En su gran libro *The Rape of Nanking* [*La violación de Nanking*], Iris Chang argumentaba que las enormes crueldades a las que el ejército japonés solía someter a sus enemigos y a la población civil eran el resultado directo de la crueldad que mostraban sus propios oficiales con ellos. Kuribayashi tampoco da muestras de esta impiedad. En cierto modo, se trata tal vez del personaje más trágicamente marcado por el destino de toda la filmografía de Clint, que, como hemos visto, en los años recientes se centra casi por entero en figuras de este tipo. Mientras hacía la película, Clint (asesorado por Watanabe) revisó el guión y decidió que el suicidio del general, una vez perdida la batalla, no se llevara a cabo mediante la espada ritual: en lugar de ello, y aquí se aprecia una ironía amarga pero no enfatizada, utiliza su revólver norteamericano para quitarse la vida.

9. ¿Acaso piensa Clint que el sentido del deber conduce irremisiblemente a la desgracia más lúgubre? No lo creo: su propia vida contradice dicha idea. No obstante, una vez hablamos de sus frustrantes inicios como actor, cuando era «un muchacho desgarbado de Oakland», y eso me hizo pensar en la distancia casi infinita que ha recorrido desde entonces. Sería bastante fácil achacar sus primeros fracasos a la típica ceguera de Hollywood y a su tendencia a seguir la corriente popular que corresponde a cada época hasta que al final este manido credo termina en... Bueno, hace ¡CHOF!

En cualquier caso, tuve que admitir que Clint procedía del furgón de cola. Llevaba desde 1955 actuando en películas sin llamar mucho la atención y, aunque su papel en *Rawhide*, a lo largo de 144 episodios rodados entre 1958 y 1965, le proporcionó cierto grado de seguridad, se trataba más de una serie agradable que de un programa de visionado obligado. En realidad, la presencia bonachona de Clint se convirtió en el principal atractivo de la serie, sobre todo para las mujeres jóvenes, un colectivo que no suele dejarse seducir por los *westerns* televisivos. Pese a ello, era difícil intuir a William Munny, a Wes Block o a Frankie Dunn en el futuro de ese joven. ¿Quizás en las películas de Sergio Leone? En efecto, sugerían una presencia más siniestra y poderosa, pero en cualquier caso los *westerns* italianos eran un refugio para los actores quemados o para los que resultaban menos prometedores. De hecho, a día de hoy Clint continúa siendo la única gran estrella que surgió de ellos.

En vista de ello, su carrera posterior debe de ser el producto de una ingente cantidad de fuerza de voluntad, magistralmente disimulada por su paso tranquilo, su manifiesta desaprobación del autobombo y su rechazo a realizar grandiosas predicciones de éxitos sin igual para su siguiente empresa. A mí me parece que con todo el acierto del mundo se ha abandonado a, cómo no, el destino inescrutable.

Mi biografía de Clint se publicó en 1996 y aceptó hacerle un poco de publicidad conmigo en Nueva York. Nuestra gran aparición pública estaba patrocinada por el YMHA de la calle 92, y se celebró en una sinagoga del Upper West Side. Hicimos una agradable mesa redonda con la experta en cine Jeanine Basinger, tras la cual teníamos planeado firmar algunos libros. «Nada elaborado», me dijo mi editor, «será una balsa de aceite».

Seguro. Nos acompañaron a través de una guardería del sótano hasta unas mesas con libros apilados tras unas puertas cerradas. Al otro lado escuchamos los gruñidos de una multitud impaciente que guardaba cola en una escalera. No había más seguridad que un par de publicistas ligeramente alarmados. Cuando abrieron las puertas de golpe, nos encontramos frente a una muchedumbre con bastante mala pulga. La mayoría había acudido a comprar libros firmados, pero algunos iban armados con pósteres, postales y rotuladores especiales que hacen que las fotografías firmadas parezcan más auténticas al colgarlas en la red. Aquello, desde luego, no tenía nada que ver con una balsa de aceite. A este nivel de histeria por alguien, que yo no había visto jamás, la furia y la adoración se equilibran el uno al otro. Necesitamos una larga y tensa hora para satisfacer las peticiones de los fans y, mientras nos volvían a llevar por la guardería, confesé a Clint: «Daba un poco de miedo, ¿no?». «Sí», respondió. «¿Has visto a aquel tipo? Cuando se ha metido la mano en el bolsillo no sabía lo que iba a sacar de él».

Le comenté que, aunque había estado con él en otras ocasiones en que había tenido que enfrentarse a multitudes considerables, nunca había visto nada parecido a lo que acabábamos de vivir. «Ya», dijo mientras andábamos. «Pero cuando te apuntas a esto, te apuntas para hacer el viaje entero».

Hablaba en un tono sereno, pero me dio la impresión de que acababa de escuchar una lección vital. Una lección que le había guiado durante un viaje mucho más largo del que él, o cualquier otra persona, jamás hubiera podido prever, y un viaje que de ningún modo ha terminado aún. Aquella noche cenamos a lo grande en Elaine's.

DE *LA VENGANZA DEL MONSTRUO DE LA LAGUNA NEGRA A RAWHIDE* 1955-1959

Tras el servicio militar, a principios de la década de 1950, Clint iba a la deriva. La sensación no era nueva para él: antes de que lo reclutaran, estuvo dando bandazos por la costa noroccidental del Pacífico, haciendo trabajos duros en empleos mal remunerados. El servicio militar había sido un aburrimiento... Ya tenía bastante para toda la vida. Por aquel entonces, sus padres vivían en Seattle y la intención de Clint era ir a cualquier escuela politécnica de donde fuera y sacarse unos estudios que le permitieran entrar en la Universidad de Seattle, que tenía un programa académico de jazz único y de gran calidad.

Sin embargo, al final lo que hizo fue irse a Los Ángeles e inscribirse el Los Angeles City College, donde decidió graduarse en administración de empresas, unos estudios que, como él mismo reconocería, atraían a un montón de muchachos sin las ideas demasiado claras sobre su futuro. Poco tiempo después, consiguió un trabajo de administrador de un pequeño edificio de apartamentos y se dedicó también a flirtear con una joven alta y delgada llamada Maggie Johnson, que había estudiado en Berkeley, pero que ahora vivía con sus padres en Altadena y trabajaba para un representante de manufacturas. Se casaron el 29 de diciembre de 1953. Eastwood contaba con tan sólo veintitrés años.

PÁGINA ANTERIOR El joven aspirante a actor mostrando ya su afición por los volantes.
SUPERIOR Los jóvenes de la escuela de talentos de Universal con Clint en la última fila.

HOW TO CALL
1. LIFT RECEIVER
2. INSERT A DIME
3. LISTEN FOR DIAL TONE
25 10 5
COIN RETURN

Para entonces, Clint había empezado a frecuentar a unos amigos que trabajaban en los estudios Universal, y se sentía atraído por la vida que llevaban. «Joder, ¿a la gente le pagan por esto?», recuerda haber pensado mientras observaba a los actores paseándose por las calles de los estudios. Intrigado por lo que debía conllevar esa vida, empezó a ir de oyente a diversas clases de interpretación en la ciudad. Era la época dorada de la escuela stanislavskiana y, por suerte, Clint cayó en buena compañía. Le gustaban las clases de George Shdanoff, que a su vez era discípulo de Michael Chekhov, actor de carácter ganador de un Oscar (*Recuerda*, de Hitchcock), autor de un libro, *To the Actor* (que Clint gusta recomendar a los jóvenes actores), y sobrino del inmortal dramaturgo ruso. Cuando tan sólo era un joven actor, había trabajado con el mítico Stanislavski en el Teatro Artístico de Moscú, de modo que alguna autoridad tenía para proponer un método de interpretación opuesto al que defendía Lee Strasberg. Chekhov no estaba interesado en que el actor recurriera a sus recuerdos en busca de material para animar sus actuaciones, sino que ponía el acento en las interrelaciones de los diferentes intérpretes, y ofrecía gran cantidad de consejos prácticos, en especial sobre cómo podía el actor conectar con su público. Seguramente, a Clint le recordaba mucho a la forma de trabajar de los músicos de jazz y el caso es que, al cabo de un tiempo, dejó de ser un mero observador en las clases de interpretación y participó activamente en ellas durante una temporada.

Por esa misma época, Maggie y él se hicieron amigos de un cineasta llamado Irving Glassberg, que solía trabajar con Arthur Lubin, un director que llevaba mucho tiempo con Universal. Glassberg hizo a Clint una prueba que bastó para que lo contratara, por 75 dólares a la semana, para formar parte de un programa de desarrollo de talentos del estudio. También le habló de él a Lubin, que que no tardó en mostrar interés por sus dotes dramáticas. El programa de talento era bastante completo, con cursos de interpretación, por supuesto, pero también de danza, esgrima, equitación, etc. Los jóvenes actores hacían pequeños papeles en las producciones del estudio, así como otras tareas, como echar lazos, actuar en las pruebas de pantalla de otra gente e, incluso, aparecer en las premieres. El estudio no pretendía utilizar el programa para engrosar sus filas de actores; tal como reconoció uno de los instructores más tarde, creían que si podían sacar del grupo una o dos estrellas, la inversión ya habría valido la pena. Y parece que funcionó, porque, además de Clint, gente como David Janssen, Gia Scala, John Gavin y Mamie Van Doren pasaron por el programa en su camino a distintos niveles de fama.

La primera aparición de Clint en un filme se produjo en *Revenge of the Creature*, donde hacía de ayudante de laboratorio que pierde un ratón blanco. Hizo apariciones igual de fugaces en *Lady Godiva*, *Tarantula*, *Hoy como ayer*, *Star in the Dust* y *Away All Boats*, y lo cierto es que su trabajo fue tan memorable como las propias películas. Su mejor actuación en Universal fue para Lubin en *Francis Joins the Navy*. Se trataba, por supuesto, de la serie sobre una mula parlanchina que inventó el director, que tenía cierta debilidad por los animales capaces de hablar (también creó a *Mr. Ed*, el caballo parlanchín de la serie de televisión). Clint nunca tuvo más de un par de líneas seguidas de diálogo, pero su papel de inocente y ávido marinero aparece a lo largo de casi toda la película y lo interpreta bastante bien.

PÁGINA ANTERIOR Clint pronto aprendió cómo un actor «puede conectar con el público», tal como lo confirman sus tempranas fotos publicitarias.
SUPERIOR Cartel de *Francis in the Navy*, 1955.

39

Nada realmente memorable. Es increíble que un joven tan atractivo no despertara mayor interés en el estudio. Él cree que no era el tipo que tenían en mente para lanzar al estrellato. ¿Quién sabe? Lo que sí sabemos es que, poco después, el estudio rescindió su contrato. Lubin, que por aquel entonces trabajaban en RKO, le ofreció dos trabajos, uno en *The First Travelling Saleslady*, una comedia particularmente estúpida en la que Ginger Rogers hacía de vendedora de alambre de espino en el lejano Oeste, con Clint en un decente papel de soldado en el que se había fijado una lasciva Carol Channing. El otro trabajo, esta vez como actor de un día, fue en otro filme de Lubin, *Escapada en Japón*, y más tarde hizo algunos trabajitos en televisión en programas como *Highway Patrol*. Pero el matrimonio Eastwood vivía sobre todo del sueldo de Maggie y de lo que Clint podía reunir con toda clase de trabajos, como limpiar piscinas.

Sus decepciones eran en su mayor parte pequeñas, las típicas de un joven actor que lucha por abrirse paso. Sin embargo, al poco sufrió una de las grandes. William A. Wellman, uno de los mejores directores de películas de la gran época dorada de Hollywood, estaba rodando un filme autobiográfico, *Lafayette Escadrille*, sobre el célebre escuadrón aéreo de la primera guerra mundial, compuesto por voluntarios estadounidenses, en el que él mismo sirvió. Le cautivó la presencia tímida de Clint y le prometió que le daría el papel principal en la que iba a ser la última película de Wellman. Pero el estudio no pensaba igual: Tab Hunter había estado flirteando con la fama que no consiguió durante buena parte de la década de 1950, pero sin duda era mucho más conocido que Clint y, como es lógico, le dieron el puesto. Wellman ofreció entonces a Clint un papel secundario de consolación, lo que le dio la oportunidad de disfrutar trabajando con

SUPERIOR Clint Eastwood y Carol Channing en *The First Travelling Saleslady*, 1956.
PÁGINA SIGUIENTE, IZQUIERDA La serie televisiva del Oeste *Rawhide* se estrenó en 1959 y emitió un total de 217 capítulos.
PÁGINA SIGUIENTE, DERECHA A resultas del éxito de *Rawhide*, Clint grabó una serie de temas de country con gran éxito.

el contundente Wellman, cuya película *Incidente en Ox-Bow* sigue siendo una de sus favoritas.

La película fue un fracaso en todos los sentidos pero poco después Clint consiguió un papel decente en un *western* de la serie B, *Ambush at Cimarron Pass*, que él cree (y nadie se lo discutirá) que es la peor película que ha hecho. Le pagaron 750 dólares por ocho días de rodaje en las profundidades del valle de San Fernando para una película en blanco y negro Cinemascope, que va de un grupo de viajeros dispares que atraviesa el territorio apache, la mayoría a pie, puesto que la producción no podía permitirse más de la mitad de caballos necesarios. Clint interpreta a un simpatizante de la Confederación que se reforma a medida que va transcurriendo la película. El papel principal lo interpretó Scott Brady, un bebedor compulsivo que solía interpretar a tipos duros y que amargó la existencia a todo el mundo. La película salió a la luz como segundona en los pases dobles, y Clint y Maggie la vieron en un cine del barrio, del que salió jurando que dejaría la profesión para volver a estudiar y dedicarse a algo de provecho en otro campo.

Pero al final el destino tendió una mano benévola a Clint. Un día se pasó por la CBS a saludar a Sonia Chernus, una de las mejores amigas de los Eastwood (más tarde trabajaría de editora para la compañía de Clint), que trabajaba allí de lectora, y quiso presentarle a un directivo de la cadena que pensaba que podría ayudarlo. Pero mientras avanzaban por el pasillo, un hombre llamado Robert Sparks sacó la cabeza de una oficina, vio a Clint, le preguntó si era actor y enseguida le pidió que se reuniera con Charles Marquis Warren, que en aquel momento estaba produciendo una serie del Oeste llamada *Rawhide*. Ambos pensaban que Clint sería ideal para el papel de Rowdy Yates, el segundo de a bordo en un transporte de ganado que en ocho años y 144 episodios jamás llegó a su destino. En cuestión de semanas, Clint recibió la aprobación de los jefazos de la cadena y se hizo con el papel.

En aquella época los *westerns* estaban de moda en televisión y *Rawhide* demostró ser muy sólida en los índices de audiencia, con la agradable y cada vez más madura presencia de Clint, que salvaba el trabajo adusto y más bien decepcionante de Eric Fleming en el papel de capataz. Era sencillo, halagador y, sí, sexy, razón de peso que atraía a una franja demográfica no demasiado amante de los *westerns* como era la de las mujeres jóvenes. La serie tenía incluso un tema musical propio. Durante seis años, Clint sólo trabajó profesionalmente en la serie, aprendiendo en el proceso casi todo lo que necesitaba para formarse y ahorrando algún dinero para cuando volviera a quedarse sin trabajo, lo que evidentemente no sucedió.

Un papel principal en una serie de televisión de larga duración significa a menudo el apogeo de toda una carrera. Salvo unas cuantas excepciones esos trabajos conducen, en el mejor de los casos, a papeles principales en otras series. En cualquier caso, *Rawhide* no lo convirtió en una estrella. En otras pala-

"Recuerdo que, cuando entré por primera vez en el negocio del cine, cuando empezaba a actuar y hacía un montón de pequeños papeles en Universal, el jefe del grupo de interpretación y los productores decían: 'Bueno, tú métete y saca las pelotas', 'Actúa con pelotas', y yo ni siquiera sabía de qué me estaban hablando. Me costaba entenderlo, porque nunca había escuchado esa expresión."

bras, no lo insertó en la conciencia (o inconciencia) de la nación. Clint era un tipo muy majo y agradable, de los que tanto abundaban en televisión, y él mismo pensaba, no sin razón, que nunca le habían dado la oportunidad de explorar ningún aspecto del personaje de Rowdy más allá de su juventud. Lo que le faltaba en ese momento era el aire misterioso (en ocasiones amenazante) que se exige a las estrellas del cine, pero que parecía imposible exhibir en las películas estadounidenses. Estaba atrapado sin poder avanzar.

Pero la fortuna premia a los valientes. Por aquel entonces era lo bastante conocido, aunque como segunda o tercera opción, para trabajar en un *western* italiano de poca monta. Tampoco se desanimó con el modesto salario que ofrecían: pensó que podía ser un modo divertido de pasar el descanso estival de *Rawhide*. Y lo más importante, sin duda: se percató de la parquedad de los diálogos, así como en la relativa falta de raíces y motivaciones complejas de su personaje (que finalmente consiguió transmitir durante el rodaje), es decir, justo las notas misteriosas y amenazadoras que hasta entonces no había tenido ocasión de mostrar en sus trabajos anteriores en Estados Unidos. Cuando por fin llegó a Roma en abril de 1964 para trabajar en la que en un principio iba a llamarse *Il Magnifico Straniero*, estaba, a sus treinta y cuatro años, a punto de hacerse tardíamente con un destino que, echando ahora la vista atrás, nos parece sin lugar a dudas del todo inevitable.

PÁGINA ANTERIOR El golf fue una de sus primeras pasiones. Aquí Clint practica su swing durante el rodaje de *Rawhide*.
SUPERIOR En casa (1961), seguramente en la lectura del guión que iba a cambiar su destino.

POR UN PUÑADO DE DÓLARES 1964

Cuando llegó, el guión era una cuarta o quinta copia al carbón, mecanografiada en papel de cebolla. Por su forma, parecía más una novela que un guión tradicional, pero Clint enseguida se dio cuenta de que era un *remake* de *El mercenario* de Akira Kurosawa, una película que él siempre había pensado que podía convertirse perfectamente en un buen *western*. No fue el primer actor en quien el director, Sergio Leone, pensó para el papel y la oferta que le hizo no fue ninguna maravilla: 15.000 dólares. Sin embargo, le pareció una buena idea: jamás había estado en Europa y le requerían primero en Roma y después en las secas llanuras españolas, justo en pleno descanso veraniego de la serie de televisión *Rawhide*.

Así que firmó para *Il Magnifico Straniero*, que es como en un primer momento se llamaba la película, y salió hacia Roma con las pistolas y el cinturón de *Rawhide*, un sombrero plano que había comprado en una tienda de disfraces, varios tejanos negros y unas cuantas cajetillas de los horribles puritos (le hacían ponerse «irascible») que se convertirían en marca de la casa. Clint y Leone casi no hablaban el idioma del otro, pero al primero le gustaba aquel director irascible, rotundo y con anteojos, que había aprendido su oficio como ayudante de director en decenas de filmes, y además le gustaba la idea que había detrás de todo aquello, que no era otra cosa que sacudir las convenciones del género, que en su opinión habían llevado al *western* a un «punto muerto». Está convencido de que su mayor contribución fuera de cámaras fue reducir sus diálogos excesivos y redundantes: «Mira, Sergio», recuerda haber dicho, «en una película B se cuenta hasta el último detalle. En una película de la serie A se deja pensar a la audiencia». Y con menos palabras, Clint pudo interpretar dando a su personaje un aire «muy irónico, seco y algo sardónico».

Por otro lado, la historia que estaban contando era de lo más manida: dos bandas de matones se enfrentan por el control de un miserable pueblecito mexicano. El cometido de Clint es llegar al pueblo y restaurar la paz, básicamente acabando con ambos bandos. La gran interpretación de Toshiro Mifune encarnando a este personaje es más pintoresco (rascándose, encogiéndose de hombros, mostrándose hiperactivo), pero el personaje de Clint funciona igual de bien, si bien lleva la clásica taciturnidad del héroe de *westerns* al nivel del silencio. Como para compensar su minimalismo, el estilo

de Leone es más maximalista que el de Kurosawa. Por una parte, su película puede entenderse como una versión de la Pasión de Cristo, completada con la Resurrección; por la otra, tenía un estilo único, alternando grandes panorámicas con planos muy cerrados, en el extremo opuesto de los presupuestos de John Ford. La supuesta violencia era más bien escasa. Lo que los tradicionalistas encontraban incómodo eran los largos momentos de preparación para el tiroteo: el protagonista y el antagonista indignados, rodeándose el uno al otro hasta que la tensión entre ellos se hace insoportable y resulta en un descontrolado tiroteo.

Clint abandonó Europa a finales de junio, no muy seguro de en qué había participado, pero con el deseo de aprender cómo se hacían las películas en otras partes del mundo más que cumplido. Hubo de pasar un año

PÁGINA ANTERIOR Clint se convierte en todo un icono: cartel de *Por un puñado de dólares*.
DERECHA El irascible Sergio Leone dirige una escena con Clint y Margarita Lozano, 1964.

entero antes de que empezara a ver su nombre asociado a un sorprendente éxito italiano titulado *Por un puñado de dólares*. ¡Un momento! ¿Era posible? Entonces le llegó un disco de Ennio Morricone con un tema impresionante. Después, casi al mismo tiempo, llegaron las llamadas telefónicas del productor, implorando sus servicios para una secuela. Pronto llegó una copia de la película y Clint la proyectó para un grupo de amigos y, con el diálogo aún sin doblar al inglés, les encantó. Simplemente era del todo... diferente.

Aún quedaban algunos obstáculos legales por aclarar (a Kurosawa y a los suyos no les acabó de gustar), pero el hecho es que este extraño filme, estrenado sin publicidad en un único cine de Florencia para poder optar a las ayudas del Gobierno italiano, fue un auténtico éxito popular. En la ciudad de Miguel Ángel, como en el resto de Europa y, finalmente, en Estados Uni-

dos, la película no cesaba de proyectarse una y otra vez. Al principio vilipendiada por la crítica (salvo honrosas excepciones), *Por un puñado de dólares* y sus secuelas lograron, durante un tiempo, revitalizar el *western*, darle un toque atractivo, ese aire moderno que hacía tiempo que el género había perdido.

Creo que Clint nunca ha recibido el reconocimiento que se merece por haber tomado aquella importante decisión ante una propuesta tan arriesgada. Él, como el propio género, necesitaba romper con la etiqueta de remilgado con que se había encorsetado no sólo al género, sino también a sus interpretaciones. Por supuesto, quería hacer películas más respetables, más reverenciadas por la crítica. Pero no creo que quisiera llevar el gesto revolucionario más allá de los confines de este filme de Leone y de las dos que le siguieron.

SUPERIOR Y PÁGINA SIGUIENTE Clint interpretaba su papel con un aire «muy irónico, seco y algo sardónico»; la película, filmada en las desérticas llanuras de España, reinventó el *western* con actuaciones minimalistas y una austera iconografía.

"Los productores italianos me detestaban y se me quitaban de encima, pensaban que era muy malo. En las películas italianas se actúa mucho. Yo para conseguir mi efecto permanecía impasible y supongo que pensaban que ni siquiera estaba actuando. Pero Leone sabía que estaba preparado."

LA MUERTE TENÍA UN PRECIO 1965

La *muerte tenía un precio* es, sin duda, la más equilibrada de las tres películas de Sergio Leone. No tiene una estructura tan simple como su predecesora, pero no resulta tan épica en sus ambiciones y su alcance como *El bueno, el feo y el malo*. Asimismo, sus personajes son algo más profundos que los de *Por un puñado de dólares* y, lo mejor de todo, tiene, en Lee Van Cleef, un coprotagonista que mantiene a la perfección el tipo frente a Clint. Van Cleef era una especie de tipo duro de segunda habitual en los *westerns*. Delgado y lunático, su carrera se había descalabrado por culpa de la bebida y las dolencias físicas, y le dieron este trabajo porque Henry Fonda, entre otros, habían declinado la oferta y, en el papel de coronel Mortimer, resucitó su carrera con una apasionada interpretación.

Su personaje y el de Clint se sentían tan cómodos en un duelo de pistolas que, de haber continuado, ambos podrían haber terminado en ropa interior plantados en medio de la calle debido a su afición a volarse todas las partes de la indumentaria. El coronel es un hombre con una misión que busca vengarse de El Indio, personaje interpretado por el psicópata de *Por un puñado de dólares*, Gian Maria Volonté, quien, al final descubrimos que violó a la hermana del coronel la noche de su boda, motivo por el cual se suicidó. Tanto el coronel como El Indio llevan relojes idénticos y es costumbre de este último hacer sonar el suyo, con la música de Morricone, hasta que la melodía se detiene, momento que señala que es hora de empuñar las pistolas y empezar a disparar.

El personaje de Clint tiene una motivación más simple. Monco (en estas películas jamás fue «el hombre sin nombre»; eso se lo inventó después un norteamericano experto en marketing) vive alejado de la moral ejerciendo de pistolero a sueldo que idea un robo a un banco. Pero queda impresionado con el talante y los métodos del coronel, y forma con él una alianza temporal, una especie de vínculo casi padre-hijo. Esta alianza resulta ser buena para el coronel, puesto que Monco le ayuda en el tiroteo que se convierte en el clímax de la película, en lo que constituye otra brillante escenificación triangular de un tiroteo de Leone.

De nuevo, resultó ser una excelente aventura para Clint. La remuneración fue mejor, disfrutó de la compañía de Van Cleef y la película funcionó si cabe mejor que *Por un puñado de dólares*. Fue sin duda algo bueno para Clint, porque su largo papel en *Rawhide* estaba a punto de llegar a su fin, y llegados a este punto, no era fácil vaticinar la clase de estrellato que pron-

IZQUIERDA Los cazarrecompensas Clint Eastwood y Lee Van Cleef con su trofeo, Gian Maria Volonté.
PÁGINA SIGUIENTE Cómo no, Clint es la estrella de *La muerte tenía un precio*.

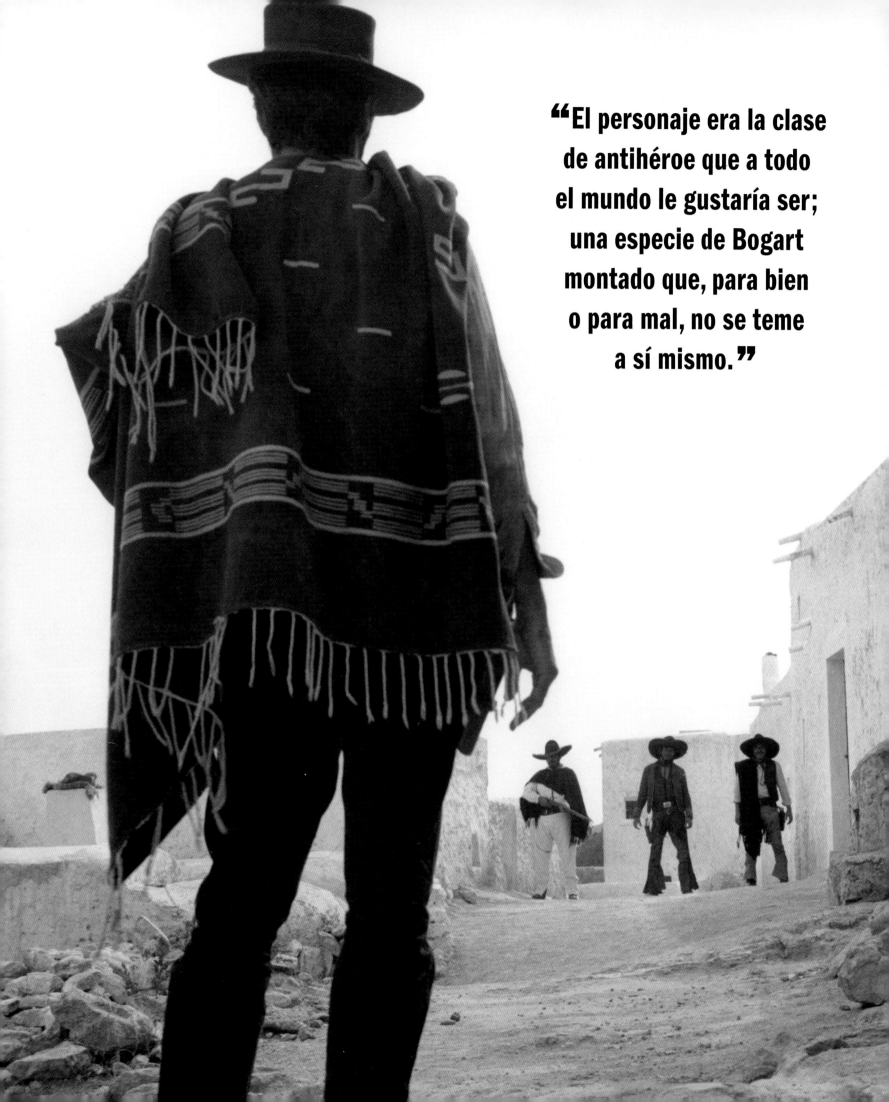

"El personaje era la clase de antihéroe que a todo el mundo le gustaría ser; una especie de Bogart montado que, para bien o para mal, no se teme a sí mismo."

to alcanzaría. Pero estaba empezando a llevar a cabo esa clase de transición al cine con la que los protagonistas de la tele sueñan pero rara vez llegan a alcanzar. Y lo estaba haciendo a su insólita manera. Quizás el destino le estaba llevando secretamente de la mano, pero yo creo que fue más cosa de confiar en sus instintos, de intuir que sacaría algo bueno de esas películas italianas (a pesar de una serie de cuestiones que pusieron en duda esta primera impresión: sus orígenes algo dudosos y a pesar del fracaso inicial,

entre los críticos estadounidenses), de saber ver que el trabajo de Leone era más sofisticado que el de muchos de sus competidores, que sus filmes tendrían un impacto casi revolucionario en el género *western*. De un modo más auténtico y perdurable, creo yo, que las sangrientas películas de Sam Peckinpah, que en aquellos momentos estaban acaparando la atención de la crítica de una manera absolutamente arrolladora.

PÁGINA ANTERIOR Clint con su característico poncho. El «hombre sin nombre» fue invención de un norteamericano experto en marketing. SUPERIOR Clint con su pistola y su omnipresente puro.

51

LAS BRUJAS 1967 (PRODUCIDA EN 1965)

Las brujas o *Le Streghe*, el título italiano bajo el que se proyectó en sus pocos pases en Europa, fue una especie de producción vanidosa. La montó Dino De Laurentiis en un intento de reavivar la carrera de su esposa, Silvana Mangano, que había entrado en declive tras su sensual y prometedora interpretación en *Arroz amargo* y la serie de películas más que decentes que había rodado durante las décadas de 1950 y 1960 para algunos de los mejores directores de Italia. La película pretendía ser una obra antológica (cinco episodios rodados por excelentes directores, entre los que se encontraban Visconti, Pasolini o Fanco Rossi) e iba a estar interpretada por buena parte de las estrellas internacionales más conocidas del momento.

La idea era que esas historias desesperadas sirvieran de escaparate para lucir el talento de Mangano. Clint reconoce que se había enamorado de ella mucho tiempo atrás y que, mejor aún, el episodio en el que él participaba iba a dirigirlo ni más ni menos que Vittorio De Sica, uno de los fundadores del neorrealismo italiano (*El limpiabotas*, *Ladrón de bicicletas*, *Umberto D*), y estaba coescrito por su brillante guionista y colaborador Cesare Zavattini. A Clint le ofrecieron diversos sistemas de cobro: podía elegir entre 25.000 dólares o 20.000 dólares y un Ferrari. Por supuesto, escogió la segunda opción, ya que pensaba que nunca iba a poder permitirse un vehículo tan formidable y porque sus agentes no podrían entonces cobrarle una comisión.

Se trata de una historia menor en la que interpreta al marido de Mangano, un aburrido mando intermedio de un banco que, además, es petulante y egocéntrico. De lo que más se queja es del ruido del tráfico romano, que no le deja dormir demasiado. Una tarde, hastiada en casa, Mangano fantasea sobre una vida mejor y sueña con una noche en la que se contonea sensualmente por la Via Veneto seguida por una multitud de varones deseosos. Los guía hasta un estadio donde Clint, vestido con un traje de cowboy negro, les dispara. Más tarde, en la arena, ella protagoniza un *striptease* muy elegante y Clint la observa desde una farola empuñando una pistola, con la que al final se acaba pegando un tiro.

El episodio tiene un aire algo impresionista y es la historia más desarrollada de las presentadas en *Las brujas*, que no es decir gran cosa. Sin embargo, Mangano hablaba un inglés excelente y tenía, en opinión de Clint, las manos más hermosamente expresivas que había visto en su vida. Disfrutó trabajando con ella, y también con De Sica. Éste no le dio excesivas indicaciones, algo que a Clint le pareció estupendo, aunque, curiosamente, imita-

PÁGINA SIGUIENTE Clint interpretó al marido de Silvana Mangano en esta producción al mando de Vittorio De Sica. DERECHA Cartel de la proyección italiana de *Le Streghe*.

ba todos los movimientos y gestos de Mangano para que los hiciera igual. Lo que Clint encontró más interesante es que De Sica montaba la película en la cámara, con lo que los montadores y los productores no tenían más remedio que dejar la película tal y como él la quería.

De Sica era un jugador compulsivo y solía pasar los fines de semana en los grandes casinos de Europa, pero en una de esas escapadas se detuvo en París para presentar a Clint en el estreno francés de *Por un puñado de dólares* y lo alabó efusivamente diciendo que era un actor «estupendo y sensible» con posibilidades de convertirse en el nuevo Gary Cooper. Eso, y la experiencia de ser dirigido por un cineasta de auténtica primera fila mundial, fue prácticamente todo lo que Clint sacó de *Las brujas*, aunque cabe apuntar que se trataba de su primer intento con toques humorísticos de alterar su imagen de macho, una actividad que retomaría, tal vez de modo más consciente y sin duda con más eficacia, en los años siguientes.

Además, no hay que olvidar el Ferrari, que mandó a Nueva York, donde decidió viajar con su esposa por todo el país a bordo de tan llamativo vehículo. La idea no salió muy bien porque llevaban demasiado equipaje, que metieron en el minúsculo coche tan bien como pudieron. Clint pensaba que parecían la familia Joad rumbo al Oeste, aunque en un coche con más estilo.

En cuanto a la película, se proyectó sobre todo en Italia y no hizo mucho por la carrera de Mangano. No se estrenó en Estados Unidos hasta catorce años más tarde, e incluso entonces sólo se proyectó en algunos festivales de cine y otros eventos especiales. Pese a ello, Clint no lamentó haber participado en ella: había disfrutado de unas vacaciones durante las que había aprendido mucho a las órdenes de uno de los pocos grandes directores (descontando a él mismo, Leone y Don Siegel) para los que trabajó.

SUPERIOR Clint dijo que llevaba tiempo enamorado de Mangano y que eso, además del Ferrari (*derecha*), fueron dos buenas razones para aceptar el papel. El coche deportivo se subastó más tarde por casi 500.000 dólares.

EL BUENO, EL FEO Y EL MALO 1966

Fue larga y despiadada. A veces divertida. Y cara. En aquellos momentos Sergio Leone contaba con el respaldo de una gran compañía norteamericana, la United Artists, y también iba a ser la despedida de Clint de los *spaghetti-westerns*; su coprotagonista, Eli Wallach, se convenció de ello antes de que se encendieran las cámaras. A aquellas alturas, Clint ya había sacado todo el jugo a aquel estrafalario género menor (o no tan menor).

El bueno, el feo y el malo es casi todo lo habido y por haber en el cine. Recrea, entre otras cosas, una gigantesca batalla de la guerra civil estadounidense por un puente; un largo pasillo en un campo de concentración al estilo de Auschwitz, donde se ordena a la banda que toque muy alto para tapar los gritos de los torturados; una batalla armada con un protagonista disparando desde la bañera. El Bueno es el Rubio, interpretado por Clint, y el Malo es Lee Van Cleef, alias Ojos de Ángel, un oficial confederado especialmente sádico. El Feo, a su vez, es el amoral Tuco, interpretado por Wallach, que roba alegremente bajo la impertérrita mirada complacida de Clint. La película tiene un mensaje subliminal (por muchas crueldades a las que se sometan los hombres para conseguir sus mezquinos objetivos, nada es comparable a la perversidad a gran escala de la guerra), pero lo que los tres protagonistas buscan en realidad es, tal cual, un tesoro enterrado.

Pero eso no es más que un pretexto para una irrefrenable acción, toda ella muy bien escenificada por Leone, que por fin dispone de los medios para abandonarse a su más profundo deseo de espectáculo. A Clint, el director, un hombrecillo regordete que se excedía escenificando lo que sus actores tenían que repetir, a veces le recordaba a «Sam Bigotes», pero también era la clase de tipo que le gustaba a Clint, un profesional como la copa de un pino que se dedicaba en cuerpo y alma a su arte. Durante el rodaje, Clint también lo pasó bien trabajando

PÁGINA SIGUIENTE «El bueno» estudia el terreno.

"Los puros te ponen del humor adecuado: irritable."

para Leone, pero tuvo que advertir a Wallach que se anduviera con cuidado: el equipo no siempre estaba a la altura de las exigencias de Leone y, de hecho, tras una explosión algunos resultaron heridos por los desprendimientos de escombros. En esa misma secuencia, la producción se retrasó debido a un puente que volaron por error antes de que las cámaras estuvieran a punto.

Pero Wallach estaba del todo encantado con la experiencia. «Pude juguetear con ese chiquitín», dijo de Leone. Con este comentario, resalta uno de los grandes puntos fuertes del director italiano, que es mostrarse cercano y cordial con las deliciosamente exageradas obsesiones de su carácter. De algún modo, lo que Clint aportó a Leone en todas las películas que hicieron juntos fue su perpleja racionalidad: él es básicamente el observador taciturno de la estupidez humana, y el instrumento mediante el cual la razón se impone a las emociones desenfrenadas.

Por otro lado, su papel no le dejaba demasiada opción. Al sentirnos totalmente arrollados por el lunático mundo de Leone, acabábamos buscando en el personaje de Clint al restaurador del orden. Y, como es de ley, nunca nos falla. En los años siguientes, Clint abrazaría la excentricidad y la obsesión en sus propios papeles. Según él, interpretar siempre al hombre recto, el héroe sin complejos, es un camino seguro al aburrimiento. Pero, por el momento, se contentaba con mantener la atención del público, satisfecho de que lo consideraran una vía de escape al lunatismo leoniano.

Leone y Clint rompieron cuando este último se negó a firmar para la siguiente película del director (*Érase una vez en América*) y Leone le dijo un montón de cosas crueles y estúpidas. Clint, a pesar de todo, achacó esos comentarios a la frustración, ya que el realizador italiano tenía dificultades para encontrar financiación para sus cada vez más épicas escenificaciones. Años más tarde, Clint dedicaría *Sin perdón* a «Don [Siegel] y a Sergio», un cariñoso agradecimiento a sus dos grandes mentores en la dirección.

PÁGINA ANTERIOR Cartel de *El bueno, el feo y el malo*, la última colaboración operística de Leone y Eastwood.
SUPERIOR IZQUIERDA Clint con una de las muchas sogas que aparecen en la película, a punto de ser ahorcado.
SUPERIOR DERECHA Lee Van Cleef interpreta a «El Malo». INFERIOR: Eli Wallach es «El Feo».

COMETIERON DOS ERRORES 1968

Clint regresó al cine estadounidense (llevaba una década sin hacer una película en su tierra natal) con este *western* modesto pero no carente de interés, e insistió en que el agradable Ted Post, que lo había dirigido en veintisiete episodios de *Rawhide*, dirigiera la película. El principio es llamativo: Clint, que interpreta a un joven inocente al estilo de Rowdy Yates, está siendo linchado (de forma injusta, por supuesto) por robar un pequeño rebaño de reses. Lo vemos colgado del extremo de una soga, ahogándose, pero entonces lo rescata Ben Johnson, que lleva una diligencia en la que transporta a un grupo de delincuentes a la prisión territorial.

Jed Cooper, el personaje de Clint, está comprensiblemente airado por el linchamiento que casi le cuesta la vida y jura venganza. Limpia su nombre bastante deprisa y consigue que lo nombren ayudante de un juez (Pat Hingle). El trato que hacen es que puede buscar su venganza siempre y cuando capture a delincuentes que han huido de la jurisdicción del juez. Como relato paralelo, en la película, Clint disfruta de un breve ro-

mance con Inger Stevens, una mujer de la que también han abusado, pero su atención obsesiva se centra en los hombres que lo agredieron. Finalmente y una vez más vemos aquí al héroe, los conduce a todos ante la justicia excepto a dos, por no hablar de todos los otros delincuentes a los que todavía no ha encontrado, pero a quienes se deduce que dedicará el resto de su dura vida a capturar.

PÁGINA ANTERIOR El prodigo regresa al *western* americano.
SUPERIOR Clint Eastwood e Inger Stevens dan un paseo en *Cometieron dos errores*.

61

"**Tocaba el tema de la pena capital y la injusticia. Pensé que era el momento, aunque fuera un filme menor, de dar un paso adelante y ponerme a prueba.**"

Cometieron dos errores tiene varios puntos más de interés. Por una parte, explora el tema de la resurrección, también tratado en *Por un puñado de dólares*, además de varios temas que más tarde serían típicos de Eastwood. Por otra parte, es un estudio sobre el tema de una de las películas favoritas de Clint en su infancia, *Incidente en Ox-Bow*, de William A. Wellman, en la cual unos vaqueros inocentes que también llevan un rebaño de ganado que acaban de comprar sufren un linchamiento. Si algo no fue esta película es un *spaghetti-western*, aunque varios críticos la definieron así cuando se estrenó («Sólo porque salía yo», se mofaba Clint más adelante). Es, a su manera, un *western* mucho más ordenado, menos disoluto y con mayor presencia de diálogos que en las películas de Leone, y además es bastante convencional desde el punto de vista estilístico. Los críticos todavía protestaban por lo que veían como una escalada de violencia en sus amados *westerns*, sin darse cuenta de que las nuevas muestras del género no eran necesariamente más violentas, sino que presentaban una violencia de otro tipo. En el pasa-

do, docenas de vaqueros anónimos caían tiroteados de los tejados de las calles del Oeste. En las nuevas cintas, los conflictos eran más sangrientos y por norma general se producían mucho más cerca de la cámara.

No había para tanto, o al menos así me lo parece. Si vamos a tener violencia en nuestro cine (y siempre ha habido), creo que lo mejor es que sean visibles sus consecuencias. Y dolorosas. En cierta medida, *Cometieron dos errores* también se vio afectada por los sangrientos acontecimientos políticos sucedidos en el país durante el horrible verano de 1968, cuando se estrenó en los cines, e incluso el presidente de Estados Unidos se preguntó si lo que se veía en las pantallas inspiraba aquel tipo de sucesos.

Evidentemente, todo esto era pura palabrería, y no afectó a la recaudación de la película, que se situó en el vigésimo puesto entre las más taquilleras. Era un éxito magnífico, tanto para esta película, de modesta factura y presupuesto ajustado, como para una estrella que iniciaba su transición de reinos vagamente exóticos a las grandes producciones estadounidenses.

PÁGINA ANTERIOR Otra soga y otro escenario para *Cometieron dos errores*, dirigida por Ted Post. La estrella inicia su transición para introducirse en la imperante corriente norteamericana.
SUPERIOR Domesticidad del Oeste y servicio de plata con Inger Stevens.

LA JUNGLA HUMANA 1968

Coogan es un sheriff tranquilo, al estilo de Gary Cooper, que llega a Nueva York para apresar y devolver a su jurisdicción, Arizona, a un asesino huido. En principio se pretendía que fuera un telefilme, pero Jennings Lang, un poderoso ejecutivo de Universal, donde Clint acababa de firmar un contrato por tres películas (que más tarde prorrogó), pensó que se podría desarrollar para transformar la producción en una película para la gran pantalla.

A Clint le pareció una manera de recuperar su personaje habitual del pasado y llevarlo al contexto de una gran ciudad, tal vez incluso engrandeciendo su atractivo, aunque la idea de que un ratón de campo más duro de lo que parece a primera vista le enseñara un par de cosas a los estirados de la ciudad no era precisamente rompedora ni original.

También había que resolver otros problemas: se redactaron varios borradores del guión, ninguno de los cuales acababa de convencer, los plazos eran improrrogables (Clint debía estar muy pronto en Europa para empezar *El desafío de las águilas*) y, sobre todo, la producción carecía de un director aceptable. La solución de este último problema fue el motivo por el que *La jungla humana* marcó la carrera de Clint, ya que al final su director fue Don Siegel.

Don era un hombre duro, sin tiempo para tonterías, educado en Cambridge pero que hacía todo lo posible por ocultar esa parte de su currículum. Llevaba en el gremio desde 1934, trabajando primero en la Warner Bros. para después pasar a hacer trabajos cortos para la ceremonia de la entrega de los premios de la Academia antes de graduarse haciendo películas de bajo presupuesto, algunas de las cuales (*La invasión de los ladrones de cuerpos*, *Riot in Cell Block 11*, *Estrella de fuego,* la mejor película de Elvis Presley) estaban muy bien consideradas entre los cinéfilos. Sin embargo, Hollywood lo veía en todo momento como un simple segundón eficiente, por lo que necesitaba desesperadamente que una estrella tirara de su carro.

Lograrlo no era tan sencillo. Clint y él se cayeron bien a primera vista, y se pusieron a trabajar (más tarde también con la ayuda de Dean Reisner) para cerrar el guión de rodaje. Aunque tropezaron con algunos problemas y pequeños baches, finalmente partieron a Nueva York para comenzar la filmación.

Lo cierto es que nunca se resolvieron del todo los problemas narrativos que planteaba *La jungla humana*. Clint suele resultar encantador en el papel de falso ingenuo, pero la película en su conjunto tiene un aire brutal, sobre todo en lo referente al trato de las mujeres, que a menudo son sometidas a abusos. Esta circunstancia no acaba de cuadrar con la dulzura que emana el personaje de Walt Coogan, ni con el movimiento feminista que comenzaba a organizarse. Posiblemente, el músculo de la masculinidad estaba ahogando a las mujeres. En el aspecto de los elementos positivos, *La jungla humana* contiene algunas secuencias de acción bien coreografiadas, sobre todo una pelea con palos de billar en una sala de juego, y algunos diálogos bien escritos entre Coogan y Lee J. Cobb, que interpreta a un cínico detective de Nueva York incapaz de soportar el persistente interrogatorio del intruso sobre las estupideces rematadas que cometen tanto él como su departamento.

La película tuvo un discreto éxito comercial, pero no ayudó mucho a mejorar la imagen de Clint ni tampoco contribuyó, al menos de inmediato, a la carrera de Siegel. Todo esto llegaría más tarde, cuando Don se convirtió en el hombre de confianza de Clint, a medida que éste se fue reafirmando como algo más que un mero «componente» en el proceso de creación de las películas.

PÁGINA ANTERIOR Cartel de *La jungla humana*, la primera película policíaca de Clint. DERECHA Clint Eastwood y Don Siegel en el rodaje en los estudios Universal: el inicio de un tándem legendario. PÁGINA SIGUIENTE La moto Triumph era uno de los vehículos más característicos de Clint. Aquí con Julie Roth y a la derecha con James Ringerman.

"Don Siegel solía bromear diciendo: 'Si funciona, la idea es mía; si no, es tuya'."

EL DESAFÍO DE LAS ÁGUILAS 1968

Quentin Tarantino, uno de los pocos fans de esta película, la describió acertadamente como «un grupo de tipos con una misión». En esencia, trata de unos espías que saltan en paracaídas tras las líneas alemanas durante la segunda guerra mundial con la misión de capturar en un *Schloss* austríaco a un general del que se dice que conoce los secretos de la inminente invasión aliada de Europa, aunque en realidad buscan a un agente doble que opera en su grupo. Tal y como también observó Tarantino, trata sobre un grupo de soldados alemanes ineptos que se concentran en lugares adecuados para que Clint pueda abatirlos en masa.

Lo más atractivo para Clint era coprotagonizar la película con Richard Burton, que por aquel entonces iniciaba su declive etílico que habría de llevarlo del estrellato a una irrelevancia absoluta. Los representantes de Clint en aquella época habían planeado una carrera de dos velocidades para él: por un lado, películas de género modestas para Universal y, por otro, películas de gran presupuesto y abarrotadas de estrellas con proyección internacional. En aquel rodaje, la principal tarea de Clint consistía en mantener a Burton razonablemente sobrio mientras estaban filmando. Le gustaba Burton, lo respetaba como actor y, al parecer, le divertía el estilo de vida ostentoso (jets privados, séquitos enormes y mucha joyería) que compartía con su esposa, Elizabeth Taylor, cuya compañía también le resultaba muy interesante. Es posible que la mayor lección que aprendiera de ellos fuese cómo no debía comportarse una estrella de cine, aunque aquella vida tampoco le tentaba demasiado.

Al observar a Burton en primera persona se dio cuenta de lo cierto de este punto. Burton poseía una voz meliflua y un inventario enorme de anécdotas sobre el mundo del espectáculo, por lo que podía ser una compañía encantadora, pero también tenía un lado impenetrable, un punto de desconexión entre su máscara bonachona y sus emociones más profundas. Siempre he pensado (coincidí con él en 1960, mientras actuaba en *Camelot*, en Nueva York) que era un ejemplo casi trágico de lo que puede ocurrir a la gente con talento cuando se ve arrastrada por el torbellino de la fama. En aquella película Clint no tenía mucho que hacer. Todos los demás actores del grupo invasor hablaban alemán, pero él no. Este detalle hizo que permaneciera mudo en buena parte de las escenas cruciales mientras esperaba la oportunidad de aplicar, según fuera necesario, tanto músculo como exigiera el argumento. Gran parte del tiempo la pasó aplacan-

do las exigencias alcohólicas de Burton y simulando que bebía tanto como él cuando no estaban en escena. Hacia el final del rodaje, estaba impaciente por terminar para poder volver a casa y asistir al nacimiento de su largamente esperado primer hijo, Kyle, un acontecimiento que se perdió por un par de días.

La película demostró ser comercialmente viable, pero casi no tuvo resonancia alguna. Basada en una novela de Alistair MacLean, no era más que una aventura «viril» bien montada, uno más de tantos títulos que acaparaban las pantallas durante los años previos a que las extravagancias cargadas de efectos especiales comenzaran a adueñarse de un segmento del mercado compuesto en buena parte por chicos adolescentes. También demostró, si es que era necesario probarlo, que Clint podía actuar con eficiencia en películas producidas a una mayor escala que sus obras anteriores.

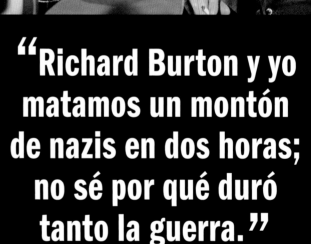

"**Richard Burton y yo matamos un montón de nazis en dos horas; no sé por qué duró tanto la guerra.**"

ESTA PÁGINA Con Richard Burton en escena y fuera de ella. El actor más veterano demostró ser un compañero agradable, aunque demasiado aficionado a la bebida.

One weekend Major Smith, Lieutenant Schaffer, and a beautiful blonde named Mary decided to win World War II.

They must do what no army can do...go where no army can go... penetrate the "Castle of the Eagle", nerve-center of the Gestapo, and blow it up!

Metro-Goldwyn-Mayer presents a Jerry Gershwin · Elliott Kastner picture starring

Richard Burton · Clint Eastwood · Mary Ure

"Where Eagles Dare"

Patrick Wymark · Michael Hordern story and screenplay by Alistair MacLean

directed by Brian G. Hutton · produced by Elliott Kastner · Panavision® and Metrocolor

SUPERIOR Más copas fuera de escena, esta vez con Elizabeth Taylor e Ingrid Pitt.
ESTA PÁGINA Eastwood, dentro y fuera de escena, en el rodaje de *El desafío de las águilas*.
INFERIOR IZQUIERDA Cartel de *El desafío de las águilas*.

LA LEYENDA DE LA CIUDAD SIN NOMBRE 1969

Desde el punto de vista de Clint, en aquella época el proyecto parecía una buena idea: un musical que podía dar algo de luz a su imagen y tal vez exhibir su musicalidad, algo que era más importante para él. Llevaba tocando jazz desde niño, era un aficionado apasionado del jazz moderno y tenía una voz suave de barítono. Además, el musical en cuestión era en cierto modo un *western*, lo que lo convertía en un vehículo de transición sencillo y atractivo. ¿Por qué no debería apostar por *La leyenda de la ciudad sin nombre*?

En realidad, había muchos motivos por los que debería haberlo descartado. Para empezar, el material original era, probablemente, el peor de los musicales de Broadway de Alan J. Ferner y Fritz Lowe. Por otra parte, la producía el nervioso y neurótico Lerner en persona. Además, el rodaje se iba a llevar a cabo en unos exteriores situados en una densa región boscosa de Oregón, donde se construyó toda una aldea minera sobre una base inestable para poder representar de forma convincente el terremoto final. Por último, el director iba a ser Joshua Logan, un habitual de Broadway, pero en absoluto una persona que fuese a sentirse cómoda vagando por el barro y el polvo que rodeaba aquellos escenarios calzado con sus zapatitos italianos.

Así pues, todo lo que podía salir mal salió mal. Para empezar, un guardia demasiado entusiasta le negó el paso a las instalaciones de Paramount cuando se presentó a los ensayos. En aquel momento, el guión, que en un principio tenía cierto carisma primitivo, ya había sido actualizado para responder a la supuesta sensibilidad propia de la década de 1960 (básicamente había pasado a tratar sobre un *ménage à trois* en la frontera), y Lee Marvin interpretaba a un viejo sin encanto, Clint era su inocente compañero y Jean Seberg era el objeto del deseo de ambos. Una vez en el rodaje, Marvin, que no toleraba demasiado bien la inseguridad de los directores, comenzó a emborracharse de modo más o menos permanente (aunque rara vez mostraba una actitud fuera de tono) y pasó a ser básicamente indomesticable para Logan, que pronto se vio luchando para mantener su puesto porque Lerner empezó a fijarse en otros directores, como Richard Brooks, como posibles sustitutos. Mientras la película se retrasaba más y más, Clint inició una relación con Seberg, que tampoco era precisamente un modelo de estabilidad. Ambos se ausentaban del rodaje siempre que les era posible y se iban en la moto de Clint a besuquearse en algún lugar apartado.

DERECHA Clint con Lee Marvin y Jean Seberg, en *La leyenda de la ciudad sin nombre*.
PÁGINA SIGUIENTE «I Talk to the Trees», una canción memorable en un filme nada memorable.

Don Siegel los fue a visitar y coincidió con Clint en que hubieran podido hacer dos o tres *westerns* bastante decentes con el presupuesto de 30 millones de dólares que goteaba, o mejor dicho fluía a chorro, entre los dedos de todo el mundo en aquel paisaje salvaje. Al final se terminó la película y el estudio insistió en exhibirla como una atracción ambulante (dos pases diarios con las entradas vendidas y los asientos reservados). Como era de esperar, la cinta se hundió, no sólo por el ritmo inseguro de la historia, sino también porque aquel método de estrenar producciones cuyo presupuesto se había disparado ya había completado su curso natural.

Al final, *La leyenda de la ciudad sin nombre* no causó ningún perjuicio a Clint (el público tiende a no culpar a los intérpretes heridos en el estallido de las películas fallidas), quien no obstante aprendió una lección muy valiosa de la experiencia: es evidente que en cualquier carrera uno siempre puede cometer un error, pero desde aquel mismo momento se prometió a sí mismo que cualquier nuevo error iba a ser solamente suyo. «Tras el quinto mes llegué a la conclusión de que pensaba implicarme al máximo con Malpaso [el nombre con el que había bautizado a su productora]. Estaba decidido a volver a hacer sólo películas normales». Como reconoció más tarde, aquello «marcó un punto de inflexión en mi carrera». Y así fue.

SUPERIOR Clint y Lee en acción. INFERIOR: Clint habla con Alan J. Lerner CENTRO Clint y Jean Seberg gozaron mutuamente de su compañía dentro y fuera de escena.

"Fue un desastre, pero no era necesario que fuera un desastre tan caro."

SUPERIOR Cartel de *La leyenda de la ciudad sin nombre*.
INFERIOR Clint con Lee Marvin en el escenario del rodaje en los bosques de Oregón.

DOS MULAS Y UNA MUJER 1970

Dos mulas y una mujer es otro embrollo que al final salió más o menos bien. Narra la historia de una prostituta (Shirley MacLaine) disfrazada de monja que busca fondos para los juaristas que se han rebelado contra el emperador Maximiliano en el México de la década de 1860. Cuando están a punto de violarla, la salva Hogan (Eastwood), un mercenario gringo y juarista en condición de dinamitero, al que han asignado la misión de volar un fortín del Gobierno.

El primer guión era obra de Budd Boetticher, merecidamente admirado por una serie de austeros *westerns* menores que dirigió para Randolph Scott. Cabría pensar que la película había de seguir esos derroteros, pero tomó la poco sabia decisión de vender el guión al lamentable productor Martin Rackin, quien de inmediato contrató a Albert Maltz para que lo reescribiera. Maltz era uno de los Diez de Hollywood, y éste era su primer trabajo acreditado tras un largo período en la lista negra. No era una obra que le sedujera especialmente y, según Clint, su guión no era ni mejor ni peor que el de Boetticher, sino que resultaba un poco más colorido, por expresarlo de algún modo. La idea original era que Elizabeth Taylor fuera coprotagonista junto a Clint, pero como su carrera se encontraba en un punto algo incierto (por aquella época acababa de pasar por una racha de proyectos fracasados) desapareció de la película y la sustituyó MacLaine. Aunque resulte sorprendente, dado que Siegel dirigió la película, Clint aparece con un aspecto muy semejante al de sus protagonistas en las películas de Leone (sin afeitar, taciturno y muy duro), como salvador de MacLaine de un destino peor que la muerte. Ambos unen sus fuerzas, más tarde surge una historia de amor entre ellos, destruyen el fuerte de Maximiliano y la película acaba con los dos cabalgando juntos hacia la puesta de sol. La banda sonora de Ennio Morricone refuerza la idea de que pretende ser un *western* a lo Leone, aunque en realidad no es cierto.

La película resulta distraída a su manera, pero es un producto extraño en la obra de Siegel, que no solía hacer comedias románticas, y también lo es en la filmografía de Clint, que en aquella época se moría de ganas de dejar atrás cualquier identificación, por superficial que fuera, con su pasado en los *spaghetti-westerns*. De hecho, fue por esta época cuando rechazó la oferta de Leone de protagonizar *Hasta que llegó su hora* (su papel lo acabó interpretando Charles Bronson), probablemente el motivo del alejamiento posterior del realizador italiano. Da la impresión de que Clint no estaba seguro de cuánto iba a durar su recién hallado éxito, y muchos años más tarde me confesó: «Un actor necesita mucho tiempo para superar la idea de que cualquier cosa que esté haciendo en un momento dado podría ser su último trabajo». Sospecho que su trabajo incesante en este período se debe justamente a esta idea. También es posible que estuviese ahorrando para cuando dejara de ser actor por cuenta ajena y se embarcara en una nueva y más arriesgada carrera como director de cine independiente.

En cualquier caso, no ocurrió nada grave. *Dos mulas* fue todo un éxito y cosechó algunas críticas muy favorables. Comenzaba a surgir una nueva generación de críticos menos ligados a la tradición y uno de ellos, Roger Greenspan, dijo de la película en *The New York Times* que era «el sueño de todo amante del cine», añadiendo que «permanece en la mente como sólo sucede con las películas de una excepcional inteligencia narrativa».

En realidad no es así, pero Clint ya se estaba preparando para *El seductor*, su primera película estadounidense realmente «excepcional».

DERECHA Clint dirige las mulas con Shirley MacLaine en el papel de prostituta disfrazada de monja en *Dos mulas y una mujer*.
PÁGINA ANTERIOR MacLaine, Eastwood y Siegel charlan bajo el calor del paisaje mexicano.

"Es realmente una historia de dos y el papel de la mujer es el mejor,

DOBLE PÁGINA *Dos mulas y una mujer* fue un agradable y pintoresco *western* que recuerda el trabajo de Clint en Italia con Sergio Leone. Shirley MacLaine interpretó a una mujer diferente y misteriosa, la banda sonora de Ennio Morricone estuvo muy acertada y el filme fue un éxito.

algo que estoy seguro que Shirley sabía.
Es como una 'Reina de África' en el Oeste."

LOS VIOLENTOS DE KELLY 1970

Se suponía que debía ser una mezcla de dos géneros, una historia de aventuras convencional en la que un grupo de militares desastrosos emprenden una misión no autorizada tras las líneas enemigas para robar a los nazis 16 millones de dólares en lingotes de oro para su propio provecho, y una sátira al estilo de *M*A*S*H** sobre la ineptitud de dichos soldados. Rodada en la antigua Yugoslavia con un grupo de actores con los que Clint se encontraba muy a gusto, como Don Rickles y Donald Sutherland, su resultado no fue demasiado bueno.

Dirigida por Brian Hutton con el mismo estilo (literalmente) explosivo que había aplicado a *El desafío de las águilas*, visto en perspectiva parece un título menos centrado que el anterior. Puede que *El desafío* no sea un modelo de originalidad, pero es similar a muchas películas sobre grandes batallas. Esta cinta fue toda una decepción para Clint. El aburrimiento que había experimentado durante el servicio militar (que pasó en su mayor parte en Fort Ord, California) y la incompetencia de la burocracia militar siempre le habían repugnado. Además, lamentaba la aventura mal calculada que Estados Unidos había emprendido en Vietnam. Pensaba que quizás *Los violentos de Kelly* serviría al menos para criticar de forma implícita el desatino militar.

PÁGINA ANTERIOR Clint sobre su Norton en *Los violentos de Kelly*.
SUPERIOR En compañía de Donald Sutherland y Don Rickles, entre otros.

El rodaje fue bastante bien y Clint pasó casi sin descanso a trabajar en su siguiente película, *Dos mulas y una mujer* (que se estrenó antes que *Los violentos de Kelly*). Sin embargo, el estudio que producía esta última (MGM) tenía una nueva cúpula encabezada por James Aubrey (también llamado «la cobra sonriente»), que decretó que la película debía rehacerse por completo para suprimir en gran medida los elementos satíricos. Hutton luchó con uñas y dientes para imponer su edición de la película y Clint, cada vez más enfadado, se sumó a la lucha sin éxito. En aquel momento se encontraba rodando en unos exteriores remotos de México y no podía presentarse enfurecido en las suites ejecutivas de Culver City. Su humor no mejoró mucho cuando se enteró de que el estudio pensaba estrenar *Los violentos* prácticamente a la vez que *Dos mulas* en los cines. «¿Cuánto pueden aguantar del mismo actor?», preguntó no sin razón.

Aparentemente más de lo que podía imaginar. Todavía era, en términos relativos, un rostro fresco y atractivo, y ambas películas tuvieron un buen comportamiento en taquilla, aunque *Los violentos de Kelly*, la más cara de las dos con diferencia, sólo recaudó 600.000 dólares más que su competidora más modesta. En cuanto al propio Clint, trataba por todos los medios de satisfacer las demandas de entrevistas de la prensa, un esfuerzo que de momento ofrecía unos resultados inciertos. Siempre ha sido un hombre tímido y nada locuaz. Al revisar los recortes sobre estos encuentros, da la impresión de que se esforzaba cuanto podía, tal vez incluso demasiado, pero simplemente aquello no iba con él. No es que fuera huraño ni hostil: sólo hablaba en un tono desconcertado y algo inarticulado.

Sin duda sabía que era algo que debía mejorar, y lo hizo con el paso de los años, pues formaba parte de su deber. Hoy en día, sobre todo cuando habla con gente que le formula preguntas serias sobre su trabajo, se muestra jovial y capaz de verbalizar sus intenciones, sobre todo como director, aunque siempre con su eterna humildad. Sin embargo, por desgracia, en aquella época todavía era un forastero en la tierra desconocida del estrellato en el mundo del cine.

"La película podía haber sido una de las mejores de la historia. Y tendría que haberlo sido, ya que tenía el mejor de los guiones, un buen reparto y un sutil mensaje antibélico. Pero, sea como fuere, se echó a perder todo. La película se atascó en Yugoslavia y acabó siendo la historia de una panda de zopencos en la segunda guerra mundial."

PÁGINA ANTERIOR Clint con Rickles y Sutherland.
ESTA PÁGINA A la deriva entre «un puñado de holgazanes»,
Telly Savalas (*superior derecha*) entre ellos. La crítica
coincidió con Clint: aquella película fue una oportunidad perdida.

EL SEDUCTOR 1971

«No estaba convencido de que el público estuviera preparado o quisiera algo así, pero yo sí lo quería», comentaba Clint años después del rodaje de *El seductor*, la película más oscura, extraña y, para mi gusto, una de las más interesantes de su filmografía. Es gótico sureño, basado en una novela de Thomas Cullinan, y llegó hasta él por caminos que ya han caído en el olvido. Clint logró que Don Siegel se interesara por el libro, y su poder era tan importante en esa época que logró que la conservadora Universal diera luz verde al proyecto.

Relata la historia de un desvergonzado soldado de la Unión al que una estudiante encuentra herido tras las líneas enemigas durante la guerra civil estadounidense en un seminario femenino aislado y destartalado. Lo llevan a la escuela y allí la directora (una inmejorable Geraldine Page) y sus subordinadas lo curan. El soldado pronto establece lazos con ella y con algunas de sus alumnas. Es un hombre viril y descuidado, el primer intento de Clint de interpretar el lado más ambiguo de la masculinidad. Cuando se descubre que ha sido infiel a Edwina Dabney, el personaje de Page, ésta asegura que se le ha gangrenado la pierna herida y, aprovechando que él queda inconsciente a consecuencia de una caída, se la amputa.

¡Y no se acaba aquí! Todavía vienen cosas peores. Al final, Edwina planea, junto a sus estudiantes, la muerte del soldado mediante setas venenosas. En algunos momentos, *El seductor* roza el ámbito de la comedia negra, pero la intensidad de las interpretaciones en el espacio claustrofóbico de la escuela no lo permite. La cinta conserva la tensión. Además, rezuma sexualidad.

No fue un proyecto fácil. Se barajaron muchos borradores del guión y, de nuevo, Albert Maltz se inmiscuyó y trató de conseguir que el final fuera feliz (no soportaba la idea de que aquellas jovencitas pudieran esconder un lado oscuro tan inmenso). Al final, quien logró ensamblar un guión fiel a la novela fue el productor asociado de la película, Claude Traverse, quien, como suele ocurrir en Hollywood, no recibió más reconocimiento por su esfuerzo que una mención a modo de agradecimiento en las memorias de Eastwood y Siegel.

Fue una producción feliz. Clint y Page disfrutaron trabajando juntos, igual que él había disfrutado antes trabajando con otra gran estrella de Broadway, Lee J. Cobb. Como yo, Clint consideraba que Page siempre «estaba a punto, lista para la acción, sin gilipolleces... Simplemente se lanzaban a ello». Conviene realizar un alto para apuntar que Clint nunca fue sólo el caradura afortunado y guapo por el que le tomaba la prensa en aquellos tiempos. En sus años de juventud había sido un concienzudo alumno de la escuela del método y había estudiado junto a acólitos serios de Stanislavski en la Costa Oeste. En general, podríamos decir de él que, si percibe una debilidad en sí mismo, centrará todos sus esfuerzos en remediarla, tal y como lo ha demostrado en sus múltiples intentos de gestionar mejor sus encuentros con la prensa o en cómo se enfrentó a su miedo a volar debido a un percance que sufrió mientras estaba en el ejército. De hecho, acabó siendo el propietario de un helicóptero que aún hoy en día pilota en largas excursiones por la Costa Oeste.

PÁGINA ANTERIOR A la espera de su destino a las puertas del seminario, en el papel del antihéroe John McBurney.
SUPERIOR El soldado de la Unión antes de su declive.

La película, no obstante, fue un fracaso sin paliativos. En aquellos tiempos el público podía aceptar la posibilidad de que Clint viviera algunos baches en su camino heroico, pero se esperaba de él que al final explotara en un ataque de ira justificada y pusiera las cosas en orden en el último tramo del filme. El público no podía soportar ver cómo se rendía de un modo más o menos sumiso a la muerte, sobre todo si ésta llegaba a manos de un puñado de colegialas. Y eso por no hablar de la visión cruda que ofrece la película sobre la masculinidad descuidada y la feminidad asesina. Es probable que sea demasiado tarde para rescatar la reputación de *El seductor*. Sin embargo, es una película que deja huella. Además, tiene una gran importancia en tanto que expresión de la determinación de Clint de definir su estrellato según sus propios términos.

"¿Sabes? Es fácil justificarlo. ¿Quién no intentaría salvar la vida en una situación como ésa? Siete chicas lo pasean en una camilla y piensa: 'Oye, mientras estoy aquí voy a darme un revolcón, ¿qué más da?'."

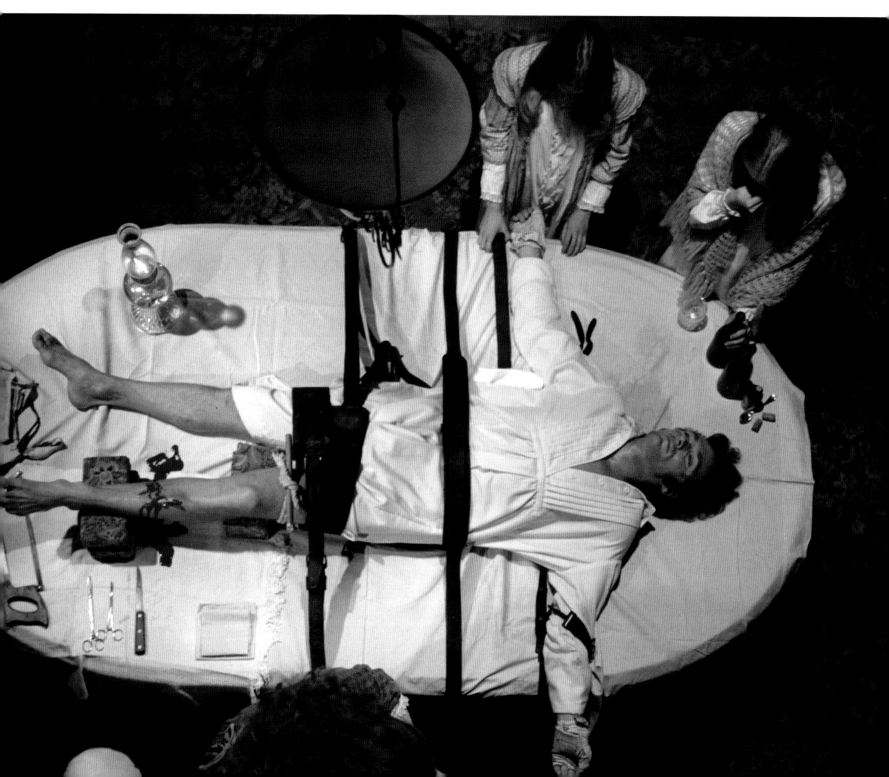

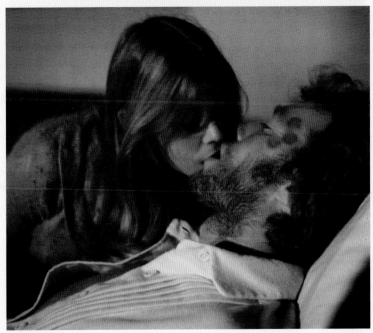

DOBLE PÁGINA Algunas escenas de esta historia gótica sureña rozan la comedia negra sin por ello perder tensión.
SUPERIOR DERECHA Con Geraldine Page. INFERIOR IZQUIERDA Con Mae Mercer.
INFERIOR DERECHA Con Jo Ann Harris.

ESCALOFRÍO EN LA NOCHE 1971

En 1971 comenzaba a ser hora de que Clint cumpliera su deseo de dirigir, gestado durante su etapa en *Rawhide*, cuando aceptarían su petición de dirigir un episodio. Los productores se opusieron a la idea recordando varias malas experiencias anteriores con actores-directores, y el incidente desconcertó y enfureció a Clint. A lo largo de los muchos episodios de la serie había estudiado a los directores veteranos que habían ido entrando y saliendo del programa cada semana, aprendiendo lo que tenía que hacer de los buenos y lo que debía evitar de los malos. Había hecho lo mismo durante su carrera como actor. Como minucioso observador de todo el proceso de producción, ya era un veterano competente.

Y en aquel momento disponía de lo que consideraba un guión perfecto para un principiante. *Escalofrío en la noche* se había escrito en forma de tratado por Jo Heims, una vieja amiga que también había sido secretaria judicial. Clint había ejercido una opción de compra sobre el guión, que después pasó a Universal, donde propuso hacer la película. El estudio tenía dudas, pero como Clint trabajaba como actor y director por el salario mínimo, se podía hacer por menos de un millón, lo cual también desencadenó que se pagara el mínimo al resto del equipo. Clint sabía qué pensaban los jefes de Universal: «Deja que se saque la espinita y después hará un par de *westerns* para nosotros». Y eso fue exactamente lo que sucedió.

Heims tenía una idea ingeniosa: un discjockey locuaz de una ciudad pequeña, con estilo y solipsista conoce a una mujer atractiva (Jessica Walter) y mantiene con ella sexo durante una noche. Nada nuevo para él, pero ella no lo ve igual. En realidad resulta ser una psicópata y, cuando él la rechaza, ella le acosa, tanto a él como a su novia (Donna Mills), con resultados fatales para ambos. Los jefazos del estudio se preguntaban: «¿Por qué quieres actuar en una película donde la mujer tiene el mejor papel de todos?», a lo que Clint contestó con la que iba a ser su respuesta más típica: «No lo sé. ¿Por qué quiere alguien ver algo? Es una buena obra de suspense».

También precisaba un reparto reducido y manejable, y además se podía rodar en la península de Monterrey, de la que se había enamorado en sus tiempos de soldado en Fort Ord, y donde pasaban la mayor parte del tiempo su familia y él. Incluso filmó una secuencia en el Festival de Jazz de Monterrey, lo cual era un gran valor añadido dada su pasión por la música.

Por desgracia, cuando estaba a punto de iniciar el rodaje, su padre falleció de un ataque al corazón, tragedia que le afectó en lo más hondo. Podría-

mos decir que trabajar en la película se convirtió en cierto modo en una especie de calmante para su dolor. También se podría afirmar que ese golpe le convenció de la necesidad de estar en buena forma, llevar una dieta saludable y otros buenos hábitos, responsables de su juventud de espíritu sobrenatural y de su buen aspecto. Personalmente, no estoy muy convencido de ello: como ya he comentado, Clint tiene un gran sentido del deber y siempre ha tenido muy claro que el primer deber de un actor es cuidar su propia apariencia. Su gran truco en ese sentido consiste en no sufrir aparentemente mientras lleva a cabo todas esas actividades.

SUPERIOR Clint, el DJ de una pequeña ciudad.
PÁGINA SIGUIENTE Con Jessica Walter en *Escalofrío en la noche*.

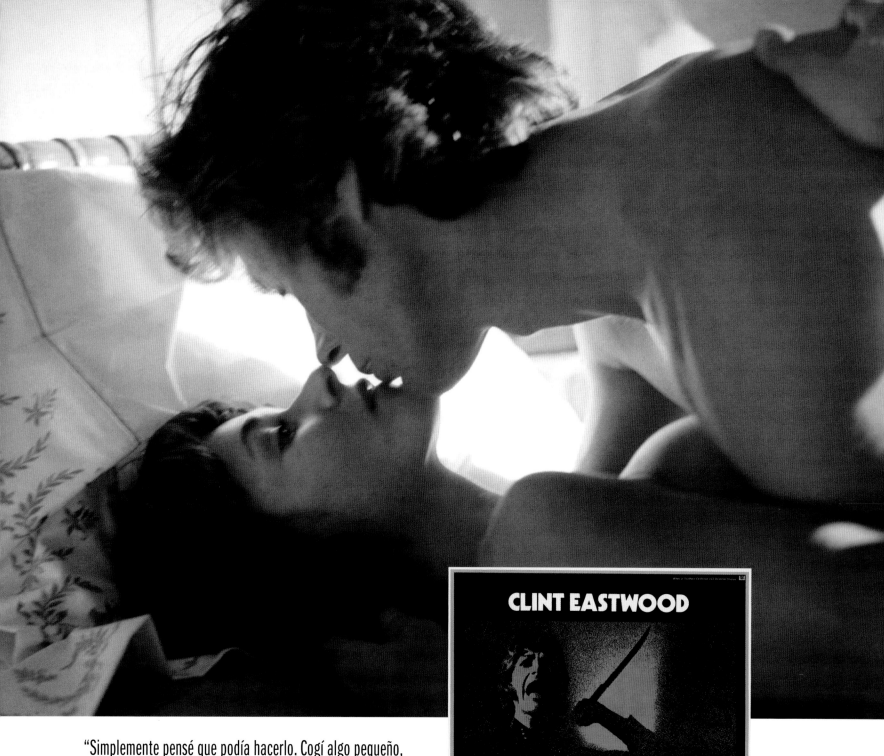

"Simplemente pensé que podía hacerlo. Cogí algo pequeño, pequeño, con poco reparto, sin grandes problemas de producción. Y la escribió un amigo mío. Fue un éxito porque costó alrededor de 73.000 dólares. No me acuerdo muy bien. Pero fue muy barata y el estudio no se opuso porque pensaron: 'Si este tipo nos hace un par más de *westerns* y alguna policíaca, ¡qué diablos!, dejémosle pasar ésta'. Pero salió a la luz, y tuvo audiencia y seguidores."

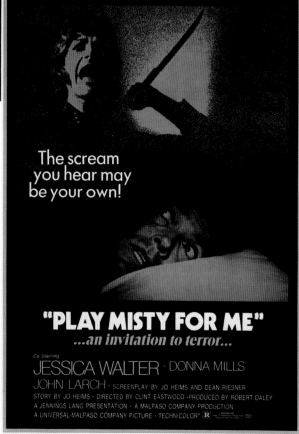

Dedicó el día antes de iniciar la primera toma a la preparación meticulosa del rodaje y se fue a dormir convencido de que estaba a punto, cuando de repente se incorporó en la cama como empujado por un resorte al darse cuenta de que lo único que había pasado por alto era estudiar su propio papel. Sin embargo, pronto se sintió reconfortado porque había convencido a Don Siegel para que aceptara un papel pequeño, casi a modo de talismán, de camarero en la película. El director trabajó un par de días, vio que Clint lo tenía todo bien controlado y se fue.

Escalofrío en la noche es una elegante película aterradora y llena de suspense. Walter está magnífica en el papel de loca y Clint capta a la perfección el egoísmo pasivo del DJ: evidentemente sabía de primera mano lo que significa ser atractivo y estar muy solicitado y cómo aprovechar esas cualidades (en la ficción, no en la vida real). Al estrenarse tan poco tiempo después que *El seductor*, cabe pensar que las reflexiones de Clint, a medida que su fama crecía, se centraban de repente en los aspectos más siniestros de la privilegiada existencia masculina.

Universal no gestionó muy bien una película que debería haber sido más rentable de lo que fue, tal y como queda claro habida cuenta del cariño con el que la recuerda el gran público. Por algún motivo, la gente no deja de redescubrirla, como, por ejemplo, cuando se dio a conocer que la mucho más exitosa *Atracción fatal* de 1987 se limitaba a plagiar el punto crucial del argumento de *Escalofrío* de un modo más sensacionalista pero no necesariamente más efectivo.

PÁGINA ANTERIOR La calma antes de la tempestad en *Escalofrío en la noche*.
SUPERIOR Clint Eastwood inicia una nueva fase de su carrera, en este caso en el papel de director.

91

HARRY EL SUCIO 1971

Es poco común que se pueda identificar el momento preciso en el que una estrella se convierte en una superestrella, pero en el caso de Clint Eastwood resulta evidente. Sucede al principio de *Harry el sucio*, cuando mientras come un perrito caliente suena la alarma del banco de enfrente. «Mierda», dice Harry Callahan mientras se levanta y, sin dejar de comer, se dirige a impedir el robo. Poco después se acerca a un delincuente herido que intenta recoger su arma. Entonces Harry pronuncia su ahora monólogo inmortal: «Sé lo que estás pensando: si disparé las seis balas o sólo cinco».

Clint parece casi un adolescente al pronunciar sus frases con una sonrisa irónica grabada en los labios. Si quieren ponerse sesudos, lo que hace es reconocer el lazo dostoyevskiano existente entre el detective y el policía que lo persigue. Pero mejor no ir por ese camino. Baste decir que se ha convertido en un icono de la ficción popular y culta.

El caso es que Clint, con su interpretación y su presencia, logra que su personaje sea irresistible. Creo que desde ese mismo instante pasó a ser nuestro. O nosotros pasamos a ser de él. O cualquier otra combinación del mismo tipo, con la eterna excepción de los mojigatos que durante largo tiempo abrigaron la creencia de que Clint y todas sus obras ponían en peligro al país de forma inmediata, y que *Harry el sucio* en concreto tenía, tal como lo expresó Pauline Kael, «el encanto de un cuento de hadas» para el «medievalismo fascista».

Es ésta una descripción bastante extraña de una película tan ásperamente realista en su forma. Si la crítica fuera cierta, Harry se alinearía con firmeza junto a la policía y la burocracia local que, de hecho, hacen todo lo que pueden para frustrar su persecución monomaníaca del asesino psicópata que tiene en jaque a las calles de San Francisco. Hay que reconocer que sus métodos no son ni sutiles ni bonitos, y evidentemente empañan el valor de la ley, en particular las decisiones del Tribunal Supremo de Estados Unidos sobre los casos Escobar y Miranda, que decantaron la balanza de la justicia en favor de los delincuentes. El propio Clint compartía este punto de vista. Sin embargo, esos métodos

PÁGINA ANTERIOR Harry Callahan hace sentir su presencia.
PÁGINA SIGUIENTE Eastwood detiene el tráfico en *Harry el sucio*.

"Intenté ser razonable y no me gustó."

Harry Callahan

lo lo convertían en un chalado, algo en lo que coincidieron muchos estadounidenses de todo tipo de creencias políticas. Unos años después, David Thomson, el enciclopedista del cine, escribió con mucha cordura: «Las revoluciones sociales de la década de 1960 sólo salvaron a unos pocos. Eastwood suponía, o tal vez lo sabía intuitivamente, que la "suciedad" de Harry era una invocación refrescante al sentido común y la acción directa por parte de la clase media estadounidense».

Otra manera de expresarlo es decir que Clint no habría desarrollado este guión a lo largo de años y en diversas encarnaciones sólo porque expresaba un argumento ideológico. Como actor, le gustaba la desolación presente en el personaje de Harry y su situación de policía implacable orientado exclusivamente hacia su trabajo porque mientras lo hace nada más reclama su atención, ni una mujer, ni cenas elegantes, ni travesías en barco por la bahía, ni siquiera una película. Toda la diversión de la que goza consiste en mofarse de sus superiores, sin hacer excepciones, ni siquiera con el alcalde. Ésta es la película que selló para siempre su conexión con la gente corriente.

Además, bajo la dirección férrea de Don Siegel (que pese a todo deja tiempo a detalles repletos de comicidad y suspense que humanizan a Harry) la película está muy bien hecha, incluso Kael tuvo que admitirlo. Era uno de

los factores que hicieron que le pareciera tan peligrosa. En el fondo, a ella, como a tantos otros críticos, le gustaba adoptar una pose antiintelectual, y pretendía hacer creer que el éxito popular a menudo era una mejor vara para medir los méritos de una película que los halagos de los grandes pensadores. Por otra parte, también pensaba que las masas que no seguían a alguien que las guiara eran volátiles y se dejaban engañar fácilmente, sobre todo cuando el Hollywood «corrupto», en este caso encabezado por los tipos duros Eastwood y Siegel, hacía lo que quería con ellas.

En este caso el resultado de su reflexión fue un argumento simple y llanamente falso. Si vuelven a ver *Harry el sucio*, todavía encontrarán en la película lo que siempre fue, un entretenimiento popular extraordinariamente efectivo y de gran calidad, por el que nadie debe disculparse. De hecho, el único defecto que se le encuentra hoy en día son sus modestas referencias a los debates ideológicos de su tiempo. Por el contrario, lo que brilla más con el paso de los años es el carácter complejo de su protagonista, triste, solitario, furioso, divertido, arrebatado y quijotesco. Se trata de un retrato destacable de un cierto tipo de estadounidense agresivo y desconcertado que se mueve por los confines de la decencia aunque se aferra a ella desesperadamente mientras la modernidad, con todas sus ambigüedades, sigue erosionándola.

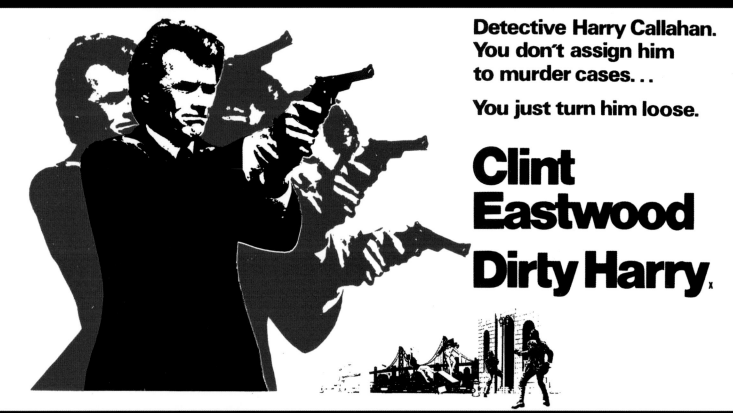

SUPERIOR El legendario cartel de *Harry el sucio*.
PÁGINA SIGUIENTE Clint dentro y fuera de escena en este trepidante *thriller* urbano que dio vida a su segundo personaje emblemático.

DERECHA
Probablemente el filme más importante que produjo Warner Bros. en el segundo año de John Calley a la cabeza fue *Harry el sucio*, que originó la relación más larga del estudio (37 años hasta la fecha) con el director Clint Eastwood. Éste fue de facto el productor velado de la película, que alcanzó un gran éxito desde su mismo estreno.
PÁGINA SIGUIENTE Eastwood persigue un autobús secuestrado en las últimas escenas.

"No va de un hombre que simboliza la violencia. Va de un hombre que no entiende que la sociedad tolere la violencia."

JOE KIDD 1972

Había llegado el momento de saldar la deuda que Clint había contraído con Universal tras rodar *Escalofrío en la noche*. Como no podía ser de otro modo, y como él mismo había previsto, resultaron ser un par de *westerns*. El primero de ellos, *Joe Kidd*, resultó contener ciertas dosis decentes de talento. El guión era de Elmore Leonard, que, si bien todavía no era el admirado maestro de obras de ficción popular que llegaría a ser, ya era todo un consumado artesano; el director, a su vez, era John Sturges, en cuyo currículo se contaban películas como *Conspiración de silencio, Los siete magníficos* o *La gran evasión*.

Le secundaba Robert Duvall, que realizó una interpretación desenfrenada de un rico ganadero que pretende robar tierras a unos rancheros hispanos. Al principio Clint trabaja para Duvall, pero pronto cambia de bando para ayudar a las víctimas del desalmado terrateniente.

El productor reescribió varias veces el guión de Leonard y, de hecho, el rodaje comenzó sin tener un final en firme. Sin embargo, a Clint le gustaba Sturges, un director que, como Siegel, se abría paso a tiros hacia algún tipo de conclusión lógica (o ilógica, en este caso). Por la calle de la ciudad del Oeste que era el principal escenario de la película transcurría una vía estrecha de tren y el director no le quitaba el ojo de encima. Siempre había querido filmar un accidente de tren y se preguntaba si sería posible, con Clint en la sala de máquinas, lograr que la locomotora descarrilara en el tramo de vía que pasaba cerca de un salón e irrumpiera en el bar donde se reunía un nutrido grupo de secundarios. Clint pensó: «De acuerdo, cualquier cosa para que esta película termine como sea» (su segunda hija, Alison, estaba a punto de nacer y quería estar presente ya que no pudo estarlo cuando nació Kyle). Así que la escena se rodó.

Joe Kidd tuvo un éxito decente y unas críticas bastante flojas. Clint aparecía con regularidad en la lista anual de películas más taquilleras, y un crítico dijo de él que llevaba una «normalidad autoritaria» a su actuación en esta película. Creo que en esa época era su estilo habitual. Al menos se podía contar con él para aportar un profesionalismo sólido al tipo de películas de género que, al parecer, los estudios (sobre todo Universal) pensaban que era lo único capaz de hacer. Sin embargo, comenzaba a impacientarse ante aquella situación y ya se había dado cuenta de que sus amigos de Warner Bros. habían sido mucho más receptivos de lo que jamás lo había sido Universal a la hora de tratar el tema de la publicidad y la promoción de *Harry el sucio*, y no sólo habían pedido su opinión, sino que además le habían

implicado en el proceso. Frank Wells, un viejo amigo abogado que trabajaba en Warner Bros., ya le tentaba para que subiera a bordo. Sin embargo, Clint todavía debía algunas películas a Universal, por lo que durante los tres años siguientes se dedicó a hacerlas al tiempo que aceptaba papeles para otros estudios. En el fondo, siempre es mejor mantenerse ocupado que esperar cómodamente a que otra persona tenga una gran idea.

SUPERIOR Clint en el rodaje de *Joe Kidd* con el director John Sturges.
PÁGINA SIGUIENTE Un cowboy más tradicional en un *western* más tradicional.
DOBLE PÁGINA SIGUIENTE Eastwood y Robert Duvall en el camino.

"Me gustaba
John Sturges
e hicieron
un buen
lanzamiento."

"Nunca había hecho algo así, empezar una película sin tener un final."

INFIERNO DE COBARDES 1973

Aparece de entre la calima un forastero ataviado con sombrero y levita; en esta ocasión, por primera y última vez, un «hombre sin nombre» al cual sólo se identifica en los créditos como «El Forastero». Se dirige a Lago, un pequeño pueblo de casas sin pintar a orillas del lago Mono, que en realidad es casi un mar seco porque el agua se drena con destino a la insaciable población de Los Ángeles.

Tal como lo imaginó el guionista Ernest Tidyman, que solía especializarse en localizaciones urbanas (como en *The French Connection*), Lago es un paraíso de la corrupción, y su sheriff anterior murió asesinado a golpes tras amenazar con hacer público el hecho de que la mina de la que depende el pueblo para subsistir está ubicada en tierras gubernamentales, lo que significa que nadie tiene derecho a operar en ella. Sus asesinos fueron una banda de forajidos a los que contrataron los lugareños para mantener a salvo el secreto. Los delincuentes son a su vez traicionados por el pueblo y, una vez libres de la cárcel, se dirigen hacia Lago en busca de venganza. El Forastero que se dirige hacia el pueblo podría ser el hermano del malogrado oficial de la ley, pero también es posible que sea su fantasma o incluso otra aparición. Clint nunca ha revelado quién es, sólo ha admitido que lo interpretó pensando más en su hermano vengativo que en otra cosa. En cualquier caso le pareció que la especulación sobre su identidad sería una buena manera de dar publicidad a *Infierno de cobardes*.

El pueblo contrata al Forastero, que organiza una fuerza defensiva, ordena que pinten el pueblo de rojo brillante y que sea rebautizado como «Infierno», y entonces permite que los delincuentes castiguen a los habitantes del pueblo antes de matarlos a todos.

Es un *western* raro con un espíritu más propio de las películas de Leone que de ninguna de las demás cintas estadounidenses de Clint. Está llena de acción brutal y sexualidad cruda y, bajo la dirección de Clint, y con la enorme ayuda de Bruce Surtees como responsable de la fotografía, se trata tal vez de su película más lóbrega, un árido ejercicio de nihilismo sin apenas paliativos.

Me gusta mucho precisamente por su amoralidad esencial. De lo que no cabe duda es de que me gustó más a mí que a John Wayne. En efecto, poco más tarde Clint tenía una película que le pareció que podía estar bien para el protagonista de *La diligencia*, pero éste la rechazó haciendo algunos comentarios ofensivos acerca de *Infierno de cobardes*, en gran medida porque era muy anti-John Ford en su apariencia. Por decirlo suavemente, era un rechazo de la básica premisa de Ford sobre gente decente que domina lo salvaje y construye una civilización donde antes no había existido ninguna.

Por supuesto. Wayne tenía razón, pero ya se estaba convirtiendo en una vieja gloria. La anarquía era la pasión que se imponía en el *western* moderno, por mucho que los tradicionalistas lo lamentaran, algo que quedó reflejado en las críticas de esta película. En general, los críticos se mostraron vagamente dispuestos a aceptar su espíritu transgresor, aunque más adelante incluso el propio Clint pensó que tal vez había exagerado un poco con él. Nunca más iba a hacer una película en la que se ofreciera una visión tan desesperanzada de la naturaleza humana o en la que al final la restauración del orden moral pareciera tanto una cuestión de suerte.

PÁGINA ANTERIOR Cartel de *Infierno de cobardes*. DERECHA Eastwood encuadra la escena en su primer *western* como director (junto a Bruce Surtees).

"A John Wayne no le gustó *Infierno de cobardes*, y así me lo hizo saber en una carta, donde decía que eso no era el Oeste. Yo lo que quería era justamente alejarme de lo que él, Gary Cooper y los demás habían hecho."

PÁGINA ANTERIOR *Infierno de cobardes* deja muy atrás a John Wayne.
ESTA PÁGINA Las ambigüedades de *Infierno de cobardes* se extendían incluso a la propia naturaleza del enigmático personaje central de Eastwood en este *western* semisobrenatural.
SUPERIOR Con Marianna Hill.

"Me gusta dirigir tal como me gusta que me dirijan."

PRIMAVERA EN OTOÑO 1973

Primavera en otoño es la película más ligera de Clint, una dulce y bastante improbable historia romántica entre Frank Harmon (William Holden), un apagado vendedor inmobiliario entrado en los cincuenta, y una *hippie* de diecisiete años (Kay Lenz), a la que encuentra al final del camino de entrada de su casa lloriqueando por un perro al que había herido un coche al pasar. Juntos llevan al animal a un veterinario, que por supuesto lo cura, y la chica, alegre casi hasta resultar agobiante, entra en la vida de Frank y le devuelve una cierta alegría ansiosa. Le avergüenza que lo vean con ella, pero al final deciden permanecer juntos. Él gruñe que probablemente no durarán ni un año, pero ella contesta: «Sólo imagínalo, todo un año».

El guión era otra vez de Jo Heims, y Clint y su productor, Robert Daley, supusieron que la película no iba a recaudar ni un centavo, lo cual por otra parte no les pareció mal del todo ya que les iba a costar incluso menos. Les gustaba la inocencia de la historia y a Clint le atraía sobre todo la idea de trabajar con Holden, uno de los iconos de los WASP (anglosajones blancos y protestantes) durante la década de 1950, y que ofrecía una desconcertante mezcla de cinismo e idealismo en un paquete devastadoramente atractivo. Pese a que era un consumado bebedor y nunca había estado del todo convencido de que el trabajo de actor fuera apropiado para un caballero, durante casi una década había sido la principal estrella de Hollywood. En aquella época su carrera, pese a su gran liderazgo del *Grupo salvaje* en 1969, había entrado en declive. Sin embargo, era el tipo de persona que gustaba a Clint: reservado, comedido y completamente profesional durante el rodaje, además de muy amable con Lenz, con quien compartía algunas escenas de amor un tanto incómodas.

Clint gozaba una vez más de una oportunidad para practicar sus dotes como director sometido a poca presión, y lo hizo bastante bien con un material que precisaba más tensión dramática. Y es que debería haber habido más emociones visibles en una relación en la que la diferencia de edad entre la pareja es de cuatro estremecedoras décadas. Al final, la película es una especie de cuento de hadas contado con un estilo bastante realista. A pesar de ello, logra transmitir el mensaje de que la felicidad no se encuentra fácilmente y la gente acierta al aferrarse a ella por más poco prometedoras que sean las circunstancias.

Desde el punto de vista del estudio, es probable que la cinta no fuera más que un capricho barato que concedían a una estrella a la que sin duda veían cada vez más inquieta por el material que le estaban ofreciendo y por la ineptitud de sus esfuerzos promocionales, bien ejemplificada por el modo como *Primavera en otoño* pasó sin pena ni gloria.

PÁGINA ANTERIOR Eastwood y William Holden en el lugar de filmación de *Primavera en otoño*.
DERECHA Relajándose durante el rodaje.

ESTA PÁGINA *Primavera en otoño*, una película dulce y romántica, no cumplió las expectativas y defraudó a muchos seguidores de Eastwood. Fue la primera película que dirigió sin actuar en ella. SUPERIOR Y PÁGINA SIGUIENTE William Holden y Kay Lenz, con cuatro desalentadoras décadas entre ellos.

HARRY EL FUERTE 1973

La idea fue de John Milius, un ávido coleccionista de armas al que a menudo se identifica como un raro ejemplar de neoconservador en el Hollywood endémicamente liberal, aunque en realidad es más bien un libertario anarquista aficionado a las hazañas grandiosas y a las secuencias de acción en ocasiones juguetonas y en ocasiones flácidas.

A principios de la década de 1970 se sintió horrorizado por las noticias tristemente célebres referentes a los «escuadrones de la muerte» de Brasil, oficiales de la policía que se dedicaban a asesinar a personajes que se consideraban amenazas desde el punto de vista político. Se decía que, aunque al principio su motivación era idealista, pronto se habían corrompido y se habían convertido en simples asesinos a sueldo. Milius se preguntó qué pasaría si una unidad de ese tipo infectara el departamento de policía de San Francisco. Comentó su idea a Clint y éste respondió con entusiasmo.

Siempre ha dicho que le pareció una buena idea para una secuela de *Harry el sucio*, pero es difícil pasar por alto que también le ofrecía la oportunidad de replicar a cuantos sostenían que Harry Callahan era una especie de troglodita fascista. Así, al final de *Harry el fuerte*, el policía se encuentra defendiendo los ideales liberales democráticos frente a los ataques de la policía secreta, cuyo jefe es el persuasivo Hal Holbrook.

Se trata de un recurso práctico para un drama policial bien elaborado cuyo rodaje no fue sencillo. Para empezar, ofrecieron a Milius la posibilidad de dirigir *Dillinger*, otro guión que había escrito, así que Clint se vio obliga-

do a recurrir a Michael Cimino, que por aquella época estaba puliendo el siguiente filme de Clint, *Un botín de 500.000 dólares*. Eastwood contrató a su viejo amigo Ted Post para que dirigiera la cinta, pero, según reconoció el propio Post, la experiencia resultó un tanto amarga: en su opinión, Clint, que evidentemente también era director, se inmiscuía en su trabajo como no lo había hecho en *Cometieron dos errores*, algo que al principio motivó toda una serie de rifirrafes y después condujo a una especie de resistencia pasiva por parte de Post. Años más tarde preguntaron a Clint acerca de este tema y no pudo ocultar su asombro, pues conservaba un gran afecto por Post y recordaba el rodaje como una experiencia agradable.

Lo cierto es que a Post le pareció que la interpretación de Clint era «cansada». La implacable Pauline Kael coincidía con él y consideraba que su «inexpresividad» era la clave de su atractivo para el gran público. «La gente cultivada», según ella, esperaba algo más «expresivo». Hal Holbrook, un certero observador de su propia profesión, pensaba lo opuesto con razón: «Su herramienta más poderosa es ese comedimiento silencioso», comentó más adelante. Más allá de los detalles del debate, sólo se puede decir una cosa con certeza: al público de películas de acción le da igual la ideología. En realidad, no le preocupa si la moral del filme es liberal o conservadora: sólo va a ver patadas, y *Harry el fuerte* contenía un buen repertorio de ellas. El diálogo no es tan agudo como en la primera película de *Harry el sucio*, pero el protagonista continúa siendo un rebelde contra la autoridad y esta vez con mayor motivo, pues aquí sus representantes son malvados en lugar de meros incompetentes. El éxito de taquilla de la película garantizó a la serie de *Harry el sucio* el estatus de franquicia, algo que por otro lado Clint siempre consideraría un tanto ambivalente. Harry Callahan no perdió ni un ápice de su prominencia durante la siguiente década y media, siempre con esa habilidad para soltar frases lapidarias y ráfagas de balazos que tanto lo caracterizaban. Sin embargo, el personaje tenía unos límites obvios y, pese a que el paso de los años fue atemperando su carácter turbulento, Clint acabó pensando que tal vez había alargado la serie una o dos películas más de lo ideal.

IZQUIERDA El segundo *Harry el sucio* dirigido por Ted Post, aquí en el lugar de rodaje con Clint.
PÁGINA SIGUIENTE Cartel.

"Lo que la película quería mostrar era a un agente de policía al que no le disgustaban las leyes y el orden tal como estaban establecidos. Sólo le disgustaba que se hubieran desintegrado para convertirse en una pesadilla burocrática. Pero no estaba cuestionando la Constitución de Estados Unidos. Me parecía una buena idea, y punto."

ESTA PÁGINA Esta vez, Harry se permitió un romance con Adele Yoshioka (*superior*).
PÁGINA SIGUIENTE *Harry el fuerte* presenta a un Harry algo más comedido.

UN BOTÍN DE 500.000 DÓLARES 1974

Estrenada en Estados Unidos como *Thunderbolt* (Clint) *and Lightfoot* (Jeff Bridges), se trata tal vez de la más olvidada de entre las mejores películas de Clint (hoy en día ni siquiera se puede encontrar en DVD en Estados Unidos). Sin embargo, escrita y dirigida por Michael Cimino justo antes de su gran éxito *El cazador* y su fracaso todavía mayor *La puerta del cielo*, se trata de una mezcla de géneros libre e irónica, una película de carretera, una cinta de compañeros y una comedia traviesa que toca la tragedia. Quizás demasiado buena para el gran público, para Clint, que interpreta al único hombre cuerdo entre todo un grupo de chalados, representa su primer experimento con el tipo de filmes de intenciones mezcladas (*Duro de pelar, Bronco Billy*) que iban a atraerle de forma intermitente durante los años siguientes.

Clint es un inquietante ladrón de bancos que busca un botín desaparecido, mientras que Bridges es una especie de *hippie* que vaga por el Oeste haciendo pequeños trabajos. El afecto creciente que se establece entre el sereno hombre mayor y el joven un tanto irreflexivo sugiere la posibilidad de que se creen lazos intergeneracionales, algo que impiden un par de an-

tiguos compañeros de Thunderbolt (un sádico George Kennedy y un desvergonzado Geoffrey Lewis), así como los encuentros casuales de la banda con todo tipo de gente rara, como un chalado que va por todas partes con un camión de conejos blancos, un dependiente de gasolinera con extrañas teorías sobre el capitalismo estadounidense o un chico que critica el modo

SUPERIOR Clint Eastwood y Jeff Bridges dando la espalda al sádico George Kennedy.
PÁGINA SIGUIENTE *Un botín de 500.000 dólares*, el primero de los filmes con múltiples intenciones que tanto atraerían a Clint.

en que Lewis gestiona un camión de helados (no pregunten). Lo mejor de la película es la impasividad con la que Clint y Bridges aceptan las locuras y la inanidad que encuentran a su paso. Es la gente humilde y obrera de Estados Unidos, enloquecida por la desesperanza de sus vidas y sus sueños.

La caótica banda decide repetir un golpe anterior, en el que de forma poco verosímil es preciso hacer un agujero en el depósito de un banco con un cañón militar, y eso por no mencionar que Bridges se viste de mujer (con bastante elegancia, todo sea dicho). La banda realiza el trabajo y paga las consecuencias, pues Lightfoot resulta gravemente herido por el personaje de Kennedy, que recibe su merecido al topar con un perro guardián asesino. Clint y Bridges logran al fin recuperar el botín del golpe anterior (estaba oculto tras la pizarra de una escuela de una sola aula que había sido remodelada como atracción turística), aunque debido a las heridas que le produjo Kennedy, el segundo no vive lo suficiente para disfrutar del dinero.

La película transcurre a un ritmo agradable y nada forzado, y hoy en día su encanto se corresponde prácticamente con el de una obra de época. Treinta y cinco años más tarde, Estados Unidos es un lugar mucho más homogéneo de lo que lo fuera no hace tanto tiempo; ha trasladado su locura (si cabe con consecuencias más peligrosas) a Internet en lugar de manifestarla en la cuneta de las carreteras, las tiendas o los moteles. No se puede hacer una película sobre gente que teclea sus rarezas en el ordenador, metidos en un sótano, mientras el mundo respetable mira hacia otro lado. Creo que es algo que hemos perdido. Me gusta ver a esta gente en la calle, como es el caso de *Un botín de 500.000 dólares*, mirándonos directamente a la cara.

ESTA PÁGINA Acostumbrado a ser el único foco de atención, Clint encajó fácilmente en este filme de protagonismo compartido, dejando a Jeff Bridges las mismas posibilidades de brillar.
PÁGINA SIGUIENTE Thunderbolt en la carretera.

"Sencillamente me gustaba la rareza de los alocados personajes. Michael Cimino debió de escribir el guión en estado de alucinación."

LICENCIA PARA MATAR 1975

La novela en la que se basa la película fue un bestseller obra de Rodney Whitaker, un hombre que usaba varios seudónimos y que en esta ocasión utilizó el más famoso, «Trevanian». Su protagonista se llama Jonathan Hemlock, historiador de día y asesino a sueldo para la CIA de noche, y sus asesinatos reciben el nombre clave de «sanciones», de donde procede el título original de la película (*Eiger Sanction*). El autor declaró que Hemlock era una sátira de James Bond, aunque esto no queda del todo claro ni en la novela ni en la película de Clint.

Su filmografía no destaca por un especial interés en los entresijos del espionaje, pero los derechos de la película estaban en poder de Richard Zanuck, con quien tenía buena relación, y David Brown, y ambos trabajaban en Universal, a quienes Clint todavía debía una película. También le pareció que el proyecto le ofrecía una buena oportunidad de poner a prueba una teoría de producción a la que ha sido bastante fiel desde entonces: llevar un reparto y un equipo relativamente reducidos a un lugar aislado y hacer una película aprovechando la eficiencia de la pequeña escala y la libertad que supone trabajar sin las interferencias por parte de los capitostes del estudio.

SUPERIOR Clint y George Kennedy escudan los cencerros. PÁGINA SIGUIENTE En *Licencia para matar*, filmada en Suiza, abundan las secuencias de escalada.

Así pues, se dirigieron a Suiza con el objetivo de filmar secuencias frenéticas de escalada de montaña para salpicar un argumento que afortunadamente no recuerdo. Por desgracia, la producción quedó marcada por la tragedia, ya que uno de los montañeros que trabajaban en ella murió a causa de un desprendimiento. No fue culpa de nadie, pero Clint se planteó cancelar la producción: ninguna película merece la pérdida de una vida humana. Los compañeros del escalador argumentaron que el fallecido conocía los riesgos de su profesión y adujeron que, si se cancelaba el proyecto, su muerte habría carecido del (menor) sentido que hubiera podido tener.

Así pues, decidieron continuar, a menudo en circunstancias aterradoras, como cuando Clint se encontró colgado de una cornisa sujeto por lo que a él le parecía una cuerda muy fina. Podía escuchar los cencerros de las vacas sonando cientos de metros por debajo de él y veía el hotel donde el equipo estaba alojado. Lo que debía hacer era cortar la cuerda y caer rodando varios centenares de metros por la montaña. Evidentemente, la cuerda era falsa: sólo iba a caer unos pocos metros hasta una repisa situada fuera del alcance de la cámara. Aun así... Tal y como le dijo uno de los escaladores más tarde, cortar una cuerda, aunque sea falsa, va contra el instinto de todo escalador. Así que tragó saliva, lo hizo y no pasó nada.

Más adelante, Clint admitió que *Licencia para matar* «probablemente no es la mejor película que haya hecho», pero sí se enorgullecía, y con razón, de la autenticidad de sus secuencias de escalada, que también llamaron la atención de los críticos. A pesar de todo, el trabajo de promoción del estudio volvió a ser del todo inepto en su opinión. Estaba dispuesto a hacer lo que fuera para promocionar la película, pero le ignoraron. «¿Qué podemos hacer al respecto?», le preguntó Bob Daley, el gerente de producción. «Lo que vamos a hacer es no estrenar más filmes con esta gente durante una temporada». Y eso fue lo que sucedió. Clint miraba hacia adelante.

"Veía ese valle allá
abajo, con los cencerros
de fondo, y pensaba:
'¿Por qué no estaré
yo tumbado al sol
con esas vacas?'."

Por más que *Licencia para matar* «probablemente no sea la mejor película que haya hecho», Clint se enorgullecía de la autenticidad de las secuencias de escalada. Aunque la crítica la recibió fríamente, la película es notable por sus impresionantes y peligrosas escenas, muchas de ellas realizadas por el propio Clint.
PÁGINA SIGUIENTE Eastwood escala en el papel del agente Jonahan Hemlock.

EL FUERA DE LA LEY 1976

Robert Daley, el gerente de producción de Clint, agarró un libro escuálido y mal impreso del montón que tenía en el despacho porque quería leer algo mientras cenaba aquella noche. Lo que sucedió fue que no pudo dejar de leer lo que entonces se titulaba *El rebelde forajido Josey Wales*. Acabó el libro de una sentada, llamó emocionado a Clint y acordaron que le mandaría el libro al día siguiente.

Poco después se hicieron con una opción de compra sobre los derechos y se embarcaron en una de las aventuras más raras de la carrera de Clint. El autor completamente desconocido del libro era un tal Forrest Carter, quien resultó ser un cúmulo de desagradables contradicciones. Para empezar, el creador de uno de los mejores personajes de Clint (un hombre solitario e insoportable pero capaz de despertar sentimientos muy positivos hacia él) se presentó en Los Ángeles totalmente borracho tras perder el avión porque le habían metido en un calabozo de Dallas por estar ebrio. Durante los sucesivos encuentros con Daley se mostró incoherente y una noche incluso sacó un cuchillo a una mujer que la acompañaba durante la cena y amenazó con matarla si no se casaba con él. Visto el panorama, lo enviaron de regreso a casa y no supieron más de él hasta que exigió más dinero por su libro.

Lo que nadie sabía era que Carter, que antes se había llamado Asa Carter, era (o había sido) un furibundo racista, autor de un gran número de panfletos calumniosos y algunos discursos para George Wallace, el virulento segregacionista gobernador de Georgia. Pero toda esta información no se hizo pública hasta que un segundo libro, *Pequeño Cherokee*, comenzó a llamar la atención en las comunidades literarias y cinéfilas (Clint también se interesó un tiempo por él). La obra en cuestión, que pretendía ser unas memorias de la infancia de Carter en las cuales aseguraba que lo habían criado unos abuelos indígenas norteamericanos, resultó ser una historia en su mayor parte ficticia.

PÁGINA SIGUIENTE El fuera de la ley y sus herramientas de trabajo.

Mientras tanto, y tras saldar todas sus obligaciones con Universal, Clint firmó con Warner Bros. e hizo saber a su nuevo estudio que estaba interesado en este pequeño *western*. Para entonces, Sonia Chernus, editora ejecutiva de Clint, estaba escribiendo el primer borrador del guión de *El fuera de la ley*, que a continuación mandaron a Philip Kaufman, quien bordó de tal manera el guión para el rodaje que mereció que lo contrataran como director de la película, un acuerdo que duró poco. Hay versiones contradictorias sobre lo que pasó, pero Clint siempre ha comentado al respecto que le pareció que Kaufman era demasiado indeciso y que había el peligro de que perdiera el control de la producción. También reconoce que despedir a Kaufman es lo más duro que ha hecho en su carrera, dado que le recordó las duras circunstancias que tuvo que soportar cuando era un actor principiante.

A partir de aquel momento, *El fuera de la ley* siguió su producción con normalidad, y Clint y Sondra Locke forjaron la larga relación que, entre otras cosas, puso punto final a su primer matrimonio. La película tenía un aire espacioso (Clint había aprendido muy bien las lecciones acerca de la panorámica de Sergio Leone) y, pese a sus numerosas secuencias de acción, mantenía un ritmo cómodo y nada forzado. Típico en el trabajo de dirección de Clint en aquella época, cuenta con un reparto bastante reducido, compuesto de personajes que son en su totalidad solitarios y grandes perdedores, que buscan una vida nueva, pacífica y más prometedora en la frontera. Al principio el protagonista no comparte estos objetivos porque está perdido en la amargura, ya que su granja fue destruida y su familia asesinada por saqueadores durante la guerra civil estadounidense. Lo que pue-

SUPERIOR Sondra Locke en el papel de Laura Lee, al inicio de su larga relación con Clint. INFERIOR Dan George interpreta a Lone Wati, otro personaje clave de la familia adoptiva. PÁGINA SIGUIENTE *El fuera de la ley*, una de las películas más importantes de Eastwood y otro jalón de su carrera como director.

de proporcionar a los desamparados y desahuciados que lo rodean es la posibilidad de contratar sus dotes como asesino para defenderse. Sólo más tarde, y por causas externas, los adopta como una nueva familia y se erige contra su voluntad en el paterfamilias.

Mientras los rescata del desorden, también se rescata a sí mismo de la amargura. Al final rechaza un ataque por parte de indios hostiles con un conmovedor discurso al estilo del «vive y deja vivir», al tiempo que también se cobra una justa venganza del hombre que destruyó a su primera familia. Evidentemente, Clint era consciente de que la película se podía interpretar como un mensaje metafórico acerca de la guerra estadounidense en Vietnam, y hasta cierto punto no le importaba que se le asociara con ese mensaje pacifista. Sin embargo, le interesaba más la «saga» que narraba y la transformación de su personaje: «una capa de dureza sobre un hombre desesperado» en un hombre capaz de manifestar una especie de afecto irónico y lúgubre hacia la humanidad corriente, con independencia de sus defectos. No creo que concibiera esta película como su primera exploración de su preocupación por las familias (o en este caso por una familia adoptiva) que necesitan socorro en un mundo duro y violento.

Nadie más se percató de esto y, de hecho, las críticas de la película fueron en general malas. Richard Eder, un crítico literario especialmente pomposo e impenetrable que ejerció por un breve tiempo de crítico de cine para el *New York Times*, dijo del personaje de Clint: «Parece no pensar ni sentir nada, por lo que es casi invisible para la cámara». Otro crítico juzgó la película como una muestra inferior a los desaparecidos *westerns* de serie B protagonizados por Chester Mirros y Richard Dix. Evidentemente, Clint no compartía esta opinión, y sigue pensando igual. De hecho, para él el filme es igual de bueno que *Sin perdón*. Simplemente se estrenó en un punto inadecuado de su carrera, cuando los críticos todavía estaban convencidos de que no era más que otro fortachón estúpido y violento incapaz de expresar sentimientos y carente de alma. Y eso a pesar de que todas esas cualidades podían apreciarse a simple vista en esta película atractiva, reflexiva y autoritaria.

"Yo hago todo lo que Wayne nunca haría. Interpreto a personajes épicos, pero le disparé a uno por la espalda. Me muevo por conveniencias."

"En aquellos momentos,
sentí que era preciso que
la humanidad encontrara
una mejor solución
que las batallas."

SUPERIOR E INFERIOR El director en pleno trabajo
PÁGINA SIGUIENTE Descanso en medio de la
filmación. Sondra Locke y Clint al principio
de su relación.

HARRY EL EJECUTOR 1976

Harry «el sucio» Callahan nunca se ha llevado bien con sus nuevos compañeros. Si de él dependiera, preferiría trabajar solo, pero esto... Esto es demasiado. Le asignan a una mujer, Kate Moore, y su primer encuentro resulta ser un completo desastre. Es seria, muy decidida y, en definitiva, posee todos los ingredientes para ser insoportable. Prácticamente, lo único que se puede decir en su favor es que no es una gatita sexy.

No es que Tyne Daly no tenga ningún atractivo, porque su serenidad irradia una especie de luminosidad relamida, pero su silueta no es ni mucho menos deslumbrante (algo rechoncha, la verdad sea dicha).

Sin embargo, Clint opinaba que era justo el tipo de mujer que llamaría la atención a Harry, a quien no le veía capaz de enamorarse de una modelo o una presentadora de televisión. Él elegiría a una mujer normal y, evidentemente, alguien capaz de probar que es una persona competente, trabajadora y valiente, cualidades que reúne la Kate que perfila Daly. Harry aprende poco a poco a no tratarla con condescendencia, y ella comprende que él puede ser en realidad algo más interesante que un simple pistolero temperamental. En ningún momento consuman la relación, pero flirtean, y ambos actores incluso improvisaron una escena en un bar que nos deja claro que, si en algún momento disponen de tiempo suficiente, las cosas bien podrían ir a más.

La idea para la película llegó a Clint de un modo un tanto inusual: un par de jóvenes aspirantes a guionistas dejaron un borrador al jefe de comedor de The Hog's Breath, un restaurante agradable y sencillo del que era propietario. Le pareció que era mucho mejor que otras ideas que le habían presentado para una nueva secuela de *Harry el sucio*, así que se hizo con una opción de compra del argumento y lo pasó a Stirling Sillipant y Dean Riesner, guionistas más experimentados, para que lo desarrollaran.

En realidad, el argumento no es gran cosa: Harry y Kate persiguen a un grupo terrorista local (que recuerda al Ejército Simbiótico de Liberación, que en aquella época era noticia por haber secuestrado a Patty Hearst), pero a estas alturas Harry ha cambiado un poco, pues su furiosa impaciencia en lo referente a la torpeza burocrática se ha transformado en una autoparodia que despierta una especie de mirada afectuosa por parte del público. De hecho, recuerda al primo o al tío nostálgico que no podemos evitar que nos caiga bien por muy escandalosas que sean sus opiniones. Por ejemplo, cuando un sacerdote que trabaja con los pobres le pregunta por qué está tan metido en su trabajo, responde que es una especie de protector de los indefensos, encargado de protegerlos de los delincuentes que se ceban en ellos más que en ninguna otra clase social. Al final, uno se pregunta hasta dónde puede llegar la cosa: ¿Harry el sucio votando a George McGovern en las elecciones de 1976?

Sin embargo, lo que convierte a *Harry el ejecutor* en una película memorable es el final. Mientras persiguen a los terroristas, que se han hecho fuertes por última vez en la prisión de Alcatraz, Kate recibe un disparo y muere. La angustia reflejada en el rostro de Harry es insoportable. La última palabra de Kate es: «Cógele», y él, evidentemente, así lo hace. Es una conclusión sorprendente pero del todo plausible, y sin duda añade un cierto peso y un punto memorable a la película.

Como era de esperar, a los críticos no les interesó demasiado la humanidad en ciernes de Harry, y es probable que el público compartiese el desinterés. En cualquier caso, cabe decir que la película, dirigida por James Fargo (un veterano ayudante de dirección de filmes de Malpaso), sigue siendo la mejor de las secuelas de *Harry el sucio*, y es una obra que otorga a su protagonista apuntes de una vida interior y una vida exterior que denotan cierta calidez y, por qué no decirlo, incluso cierta vulnerabilidad.

PÁGINA ANTERIOR *Harry el sucio* ha vuelto, y esta vez con una compañera.
DERECHA En plena acción en las calles de San Francisco.

"Pregunté a un experimentado capitán de homicidios: '¿Cómo llevan lo de las agentes femeninas?' Y me contestó: 'Fatal'. Y empezó a explicarme por qué eso y aquello no podía funcionar, y su respuesta estaba cargada de prejuicios. Y yo le dije: 'Claro, pero piense una cosa. Piense en algo que podría hacer una mujer y no un hombre, ya sabe, trabajando de incógnito o lo que sea.

¿Ha hecho alguna agente femenina que conozca algo realmente interesante?'. Y por más que pensó, no encontró ninguna gran anécdota de agentes femeninas haciendo algo interesante, sobre todo tareas de incógnito... Y al final, cuando dejó de lado la respuesta misógina del 'uy, no, de ningún modo', se le ocurrieron algunas ideas geniales."

" El papel de la chica es magnífico y no sólo para lucir un modelito como en tantas otras películas de acción. Su papel, cuando menos, es equiparable al del hombre. "

RUTA SUICIDA 1977

Ben Shockley, el detective al que encarna Clint en *Ruta suicida*, es el polo opuesto a Harry el sucio, un policía alcohólico que apenas puede desempeñar tareas rutinarias como escoltar a una prostituta de Las Vegas a Phoenix, Arizona, donde debe testificar. Aunque es licenciada universitaria, también resulta ser una mujer chillona, capaz de proferir blasfemias y una recalcitrante feminista que se resiste a que la saquen de la celda por lo que Shockley ordena que la esposen, la amordacen y la aten con correas a una litera durante el primer tramo del trayecto. Clint incluyó en el reparto a Sondra Locke, que solía interpretar a personajes «perdidos», y su trabajo fue estupendo, con grandes dosis de energía y comicidad negra.

Pronto queda claro que Gus Mally es una persona que despierta algo más que un «interés» rutinario para un tercero, o tal vez para más de uno. Hay gente poderosa que la quiere ver muerta y, si Ben cae en el fuego cruzado, ¿qué puede pasar? Al principio de la película, se refugian en Las Vegas, en el destartalado bungalow de ella. La policía local vigila el lugar y entonces llega una secuencia memorable: se disparan unos 250.000 balazos contra la casa (que evidentemente estaba forrada de petardos) y, en cuanto terminan las explosiones, la construcción gime, cruje y se derrumba sobre sus cimientos. Se trata de uno de los grandes excesos extrañamente cómicos de la historia del cine de acción, para el que Clint se inspiró en unas imágenes que había visto en las noticias sobre el asalto a un escondrijo del Ejército Simbiótico de Liberación (aquí los tenemos de nuevo).

La película pronto se transforma en un ejercicio de violencia sin descanso, y en ese tono se queda, aunque curiosamente también se entremezcla con una versión malhablada de una comedia romántica al estilo de *Sucedió una noche*. Por supuesto, durante su accidentado viaje, Shockley y Mally descubren el amor verdadero, así como al siniestro personaje que pretende asesinarlos: se trata nada menos que del jefe de Shockley, el comisario de policía de Phoenix (el grácil y elegante William Prince), que también ha obligado a Mally a mantener un perverso encuentro sexual con él.

Shockley confía en poder destapar la conspiración delictiva entregando a su prisionera de un modo espectacular y público. Con ese fin, blinda un autocar con placas gruesas de metal y lo lleva por una avenida principal de

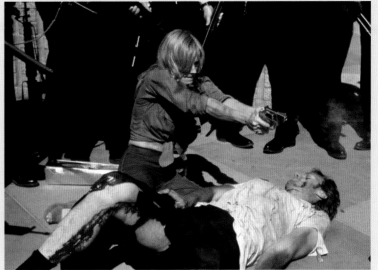

PÁGINA ANTERIOR Clint en el papel de Ben Shockley, el antagonista de Harry el sucio, en *Ruta suicida*.
SUPERIOR Escenas de la violencia gratuita y casi cómica que distinguió esta película de los demás filmes policíacos de Eastwood.

Phoenix, donde, tal y como sucede al principio de la película, se convierte en el blanco de un sinfín de disparos. Por improbable que parezca, el plan funciona y, al final, los policías, impresionados, se niegan a abrir fuego sobre su colega (independientemente de lo que haya pasado, están impresionados por los nervios de acero de su compañero).

De principio a fin, *Ruta suicida* es una película del todo inverosímil, pero si uno es capaz de dejar a un lado las habituales expectativas del público de encontrar al menos un aire de realismo en cualquier filme y logra soportar el alud de palabras malsonantes, casi tan abundante como las balas en los tiroteos del principio y el final, la película proporciona una gran cantidad de diversión desenfadada. También es la primera vez en que Clint experimentó con una idea que le atraería varias veces en el futuro: interpretar a un tipo no demasiado brillante. A una parte de él le gusta cuestionar su imagen heroica y combatir el aburrimiento que puede engendrar la perfección omnisciente, las ideas siempre perfectas y los instintos sumamente afinados de sus personajes, algo muy comprensible en el siempre inquieto Clint Eastwood. Así, permitió entusiasmado que Locke pronunciara las frases más ingeniosas del guion y limitó a su personaje a aportar las armas, el

músculo y la gran variedad de vehículos que necesitaban para continuar avanzando por un paisaje desértico.

Muchos de los colegas de Clint, entre los que se contaba Don Siegel, juzgaron el filme como una solemne tontería. Obviamente, todas las películas de acción plantean a sus protagonistas tareas cuya ejecución va más allá del reino de lo plausible. Sin embargo, aquello... Aquello era demasiado para ellos, y Clint se sintió un poco ofendido, sobre todo porque aquella era su apuesta más arriesgada hasta la fecha. Aunque actuaba y dirigía cobrando en función de los beneficios y el resto de los talentos, de una categoría por encima de la media, tampoco cobraban un sueldo elevado, *Ruta suicida* costó unos cinco millones de dólares, la película más cara rodada por Malpaso hasta la fecha. Pese a todo, reportó beneficios, y un único crítico, que escribía para el *Village Voice*, se percató del surgimiento «lento y crudo» de algo nuevo en un personaje de Clint: «un hombre vulnerable que necesita una mujer en la que apoyarse». Yo fecharía ese surgimiento en su manifestación algo más tímida en *Harry el ejecutor*, pero estoy de acuerdo, como sin duda también lo estuvo Clint en su día, en que se trataba de «un concepto mucho más audaz que la invencibilidad acicalada [un momento, ¿ha dicho «acicalada»?] de Harry Callahan».

SUPERIOR Clint y Sondra Locke en su segunda colaboración. Según la mayoría de críticos, fue la mejor interpretación de Locke en un filme de Eastwood.
PÁGINA SIGUIENTE Cartel, tan excesivo como la propia película.

"Todos me aconsejaban:
'No hagas la película del orangután.
No hagas *Duro de pelar*.
No puedes hacer eso.
No es lo tuyo'. Y yo les decía:
'Yo soy como soy'."

DURO DE PELAR 1978

Alo largo de la carrera de cualquier intérprete masculino, llega un momento en el que, si es sabio, parodiará sin problemas su propia imagen. Y, si no lo hace, es probable que la gente comience a pensar que es altivo. Ese momento llegó cuando Clint leyó el guión de *Duro de pelar*.

El marido de una de sus secretarias esperaba poder producir la cinta y también confiaba en que Clint lo leyera y lo pasara a su amigo Burt Reynolds, que tenía un perfil mucho más desenfadado y acababa de tener un éxito inmenso con *Los caraduras*. En lugar de eso, claro está, Clint se apropió del papel para sí mismo.

Todos sus colaboradores detestaron la idea con la excepción de Sondra Locke, que opinaba que tenía «un punto extrañamente socarrón». Y era verdad. Clint interpreta a un camionero boxeador a puño descubierto que vive en una casa en ruinas con su representante de pocas luces (Geoffrey Lewis), su madre, hilarantemente cascarrabias (una maravillosa Ruth Gordon) y, cómo no, su orangután, llamado Clyde, quien, pese a la presencia de Locke en el papel de misteriosa cantante de country, proporciona al protagonista el contrapunto amoroso realmente importante en la película.

Clint siente un profundo afecto por los animales. No le gusta la caza y, por lo que sé, nunca ha hablado mal a un animal ni tampoco sobre ninguno de ellos. Según él, no se trata de «algo religioso»; simplemente cree que se merecen una coexistencia pacífica con los humanos. Hay múltiples ejemplos de intervenciones suyas durante un rodaje para salvar la vida de criaturas tan insignificantes como un escarabajo. Una vez le vi en un estupendo restaurante de Cannes, a orillas del mar, intentando que una paloma subiera a sus manos con migas de pan. Y, por supuesto, no tardó en tomar cariño a Manus, el orangután inmaduro que hacía de Clyde (los ejemplares adultos pueden ser peligrosos). El sentimiento fue recíproco y el animal se mostró tan afectuoso con Clint que su propietario y cuidador acabó algo celoso del actor. En el transcurso de la película, la criatura iba con Philo a tomar unas cervezas, le hacía la peineta a una banda de motoristas cómicamente molestos y cosas por el estilo. En el mejor momento, después de que Clyde roba unas galletas Oreo al personaje de Ruth Gordon, Clint apunta a Clyde con un dedo y el orangután levanta las manos. Entonces Clint dice: «Bang» y Clyde se derrumba como si estuviera herido de muerte.

Sin embargo, Clint no pasa por alto sus necesidades e incluso lo mete en un zoo a escondidas para que pueda ir con la orangutana que vive en él. En todo el mundo hay mujeres que reciben menos atenciones que Clyde, y tal vez ése sea uno de los mensajes que pretende transmitir la película. Otro

podría desprenderse del final, cuando Philo abandona una pelea importante que está a punto de ganar. Una victoria le habría convertido en un hombre marcado, el objetivo de cualquier boxeador con ganas de mejorar su reputación. Tal vez sea más listo de lo que parece, o al menos más listo que la interpretación que Clint hace de él. Y tal vez éste pretendía expresar algo respecto a sus propias necesidades, ejemplificadas por la gestión tranquila de su propio éxito.

No cabe duda de que los resultados de la cinta superaron las expectativas de todos salvo del propio Clint, pues se convirtió en su mayor éxito hasta la fecha, a pesar de las dudas del estudio y a pesar de las críticas horribles. En parte se debió a su estrategia de lanzamiento, ya que se estrenó en las poblaciones pequeñas el mismo día que en las grandes ciudades: «Ahí fue donde triunfó, en el centro de Estados Unidos. La gente la iba a ver más de una vez, y se mantenía en cartel semana tras semana». A veces Clint comenta de los proyectos que despiertan las dudas de los demás: «Es el tipo de historia que me gustaría ver, aunque yo no participase». Estoy seguro de que era justo lo que pensaba de esta película cuando se hizo cargo de ella.

PÁGINA ANTERIOR Clint y Clyde, las improbables estrellas de todo un éxito de taquilla.
DERECHA Uno de los pocos momentos cariñosos con Sondra Locke en *Duro de pelar*.

"El orangután es introvertido y el chimpancé, extrovertido. A los chimpancés les encanta actuar, hacer monerías con los labios y toda clase de cosas. Pero los orangutanes son bastante fríos. Les gusta estudiar cosas y son algo tímidos, por lo que tienes que tirar de ellos. No me mostraba del todo amable. Siempre hacía ver que no lo veía, y él se ponía a estudiarme, justo porque yo no lo miraba ni lo controlaba. Entonces notaba que me empezaba a rascar la oreja y a mirarlo fijamente, en fin, esas cosas que hacen ellos. Y siempre me agarraba la nuez del cuello. Al final, acabé gustándole."

LA FUGA DE ALCATRAZ 1979

La película es tan directa como su título y narra, con un detallismo demoledor, la historia real del único intento de fuga de la que quizás sea la prisión más famosa de todos los tiempos (su única contendiente a la altura para arrebatarle el título sería la Isla del Diablo), un caso que nunca se ha cerrado. El guión fue la primera obra de Richard Tuggle, quien tras ser despedido de una revista de San Francisco se sintió atraído por el libro de J. Campbell Bruce sobre el tema, se hizo con una opción de compra y puso su guión en venta en Hollywood, donde terminó llamando la atención de Don Siegel.

Éste ofreció la producción a Paramount y todo el mundo pensó en Clint para interpretar a Frank Morris, el difícil ladrón a mano armada que concibió y dirigió el plan de fuga. Sin embargo, por aquel entonces Eastwood estaba algo molesto con Siegel y éste, a su vez, lo estaba con Warner Bros., con los que Clint hubiera preferido rodar la película. Las asperezas entre ellos se limaron bastante rápido y al final Clint firmó, Paramount se mantuvo en la producción y pronto se inició el durísimo rodaje de exteriores (Alcatraz a finales de otoño no es el lugar más cómodo en el que filmar una película). El frío imperante se filtró de algún modo en el filme, algo que sin duda lo benefició. Más tarde, Siegel declaró que la había rodado como si fuese una obra en blanco y negro que por accidente tuviera película en color en las cámaras. El diálogo es parco y sofocado, y se concentra en los detalles de la planifica-

PÁGINA ANTERIOR Detalle del cartel de la película.
SUPERIOR Clint realizó una interpretación muy intensa en el papel de Frank Morris.

143

ción y la ejecución de la fuga, básicamente haciendo herramientas improvisadas con objetos del todo primitivos. También muestra una cierta solidaridad con los prisioneros, que son maltratados por un alcaide sádico (Patrick McGoohan), hecho que hace que el público se identifique con los reclusos. Esta estratagema acaba con la necesidad de inventar un contexto desafortunado que justifique a los prisioneros, algo que exigieron algunos directivos del estudio. Lo que la película ofrece en ese sentido es una sola palabra, en concreto cuando uno de los condenados pregunta a Frank Morris cómo fue su infancia y su respuesta es: «Corta».

Sin lugar a dudas, Morris y tres reclusos más lograron escapar de la Roca. Sin embargo, no hay ninguna prueba que permita pensar que lograron llegar a tierra firme; de hecho, la mayoría de las personas que saben algo del caso creen que perecieron en las gélidas aguas de la bahía de San Francisco. Aunque, por otra parte, tampoco hay pruebas que apunten a que su fuga fracasó. Se trata en definitiva del tipo de final abierto que tanto gusta a Clint,

donde el público puede pensar lo que quiera acerca del destino de los personajes una vez terminada la película. Aunque él era del parecer que los fugados habían muerto mientras intentaban alcanzar la libertad, como el final parecía algo lóbrego, Siegel filmó una breve escena en la que el alcaide y los guardias buscan rastros de los prisioneros en la cercana Isla Ángel y encuentran un crisantemo (símbolo de la resistencia a la autoridad) cuidadosamente depositado, un detalle que apunta a que hace mucho que los prisioneros se han ido y se han perdido en la vastedad de Estados Unidos.

Sea como fuere, la película sigue siendo una de las mejores del estilo Eastwood (dura, austera y sin texto sobrante) y, para mi gusto, es la mejor jamás rodada sobre una fuga carcelaria, incluida *Un condenado a muerte se ha escapado*, de Robert Bresson, que comparte la austeridad de esta cinta pero posee una dimensión espiritual que, aunque despierta la admiración de muchos, a mí no me cala. Claro está que, igual que Eastwood y Siegel, soy un secularista convencido que rehúye hasta de la religiosidad implícita.

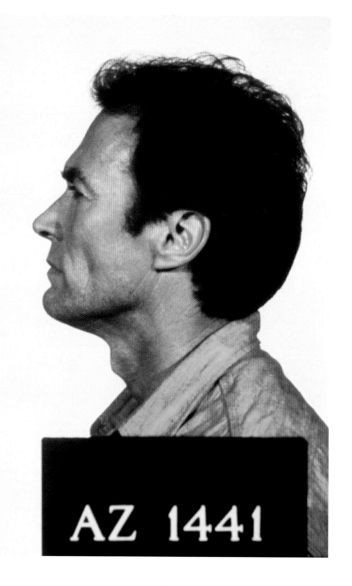

SUPERIOR Y PÁGINA SIGUIENTE Clint en Alcatraz. Después del vandalismo de *Duro de pelar*, Eastwood se adaptó sin problemas a la descarnada autenticidad de *La fuga de Alcatraz*.

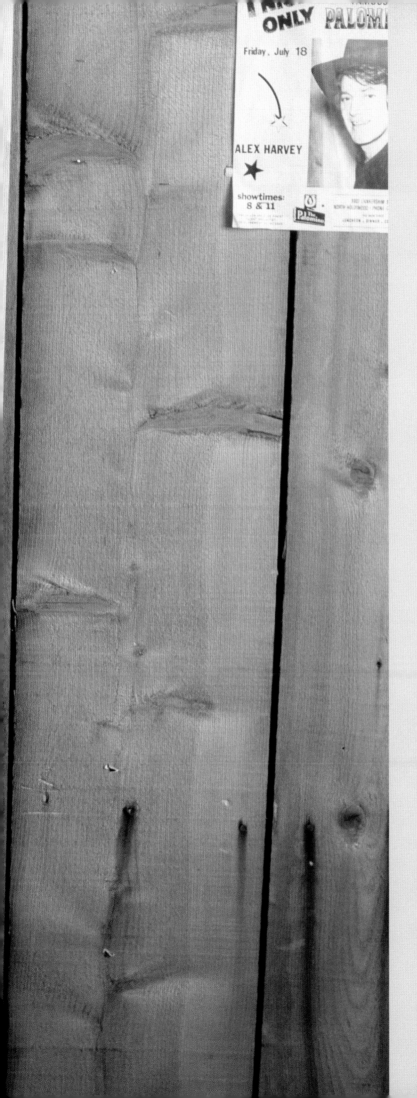

BRONCO BILLY 1980

Clint adquirió el guión de un modo típicamente fortuito: estaba cenando con un amigo cuando una joven se acercó a su mesa y le preguntó si podía enviar un guión a su despacho. Lo recibió al día siguiente y lo vio en el escritorio de un ayudante. Comenzó a leerlo de pie, con la idea de echar un vistazo a las primeras cinco o seis páginas, pero terminó leyendo el manuscrito completo de una sola tirada. Por la tarde, ya había decidido realizar *Bronco Billy*. A menudo ha manifestado que la considera su película a lo Capra, es decir, el tipo de filme que pensaba que habría atraído a Capra si aún fuese un director en activo.

Una vez más, Clint es una figura paternal para una familia adoptiva, protagonista y propietario de un espectáculo del viejo Oeste no muy próspero que actúa en pequeñas ciudades del Oeste moderno (de hecho, la película se rodó en los alrededores de Boise, Idaho). Entre sus trabajadores se encuentra un tal Lasso Leonard (Sam Bottoms), que hace trucos con el lazo y es un insumiso del Vietnam, un artista con un número de tiro que sólo tiene un brazo, un encantador de serpientes que se niega a usar animales no venenosos en su actuación y que constantemente sufre mordeduras («Es un indio orgulloso», apunta Bronco Billy), su esposa embarazada, cuyo estado le dificulta bailar danzas tribales «auténticas» y, por último, Scatman Crothers, jefe de pista del espectáculo y encargado de aportar algo de cordura al grupo. Sondra Locke añade un punto de *frisson* romántica en el papel de heredera fugitiva.

Sin embargo, Bronco Billy McCoy es quien centra la mayor parte de nuestro interés. En la pista, Clint demuestra su maestría montando y disparando, pero su personaje es, *in extremis*, un norteamericano hecho a sí mismo, un antiguo vendedor de zapatos de Nueva Jersey que también conoce la cárcel, pues

PÁGINA ANTERIOR El héroe es en este caso un perdedor: Clint en el papel de Bronco Billy.

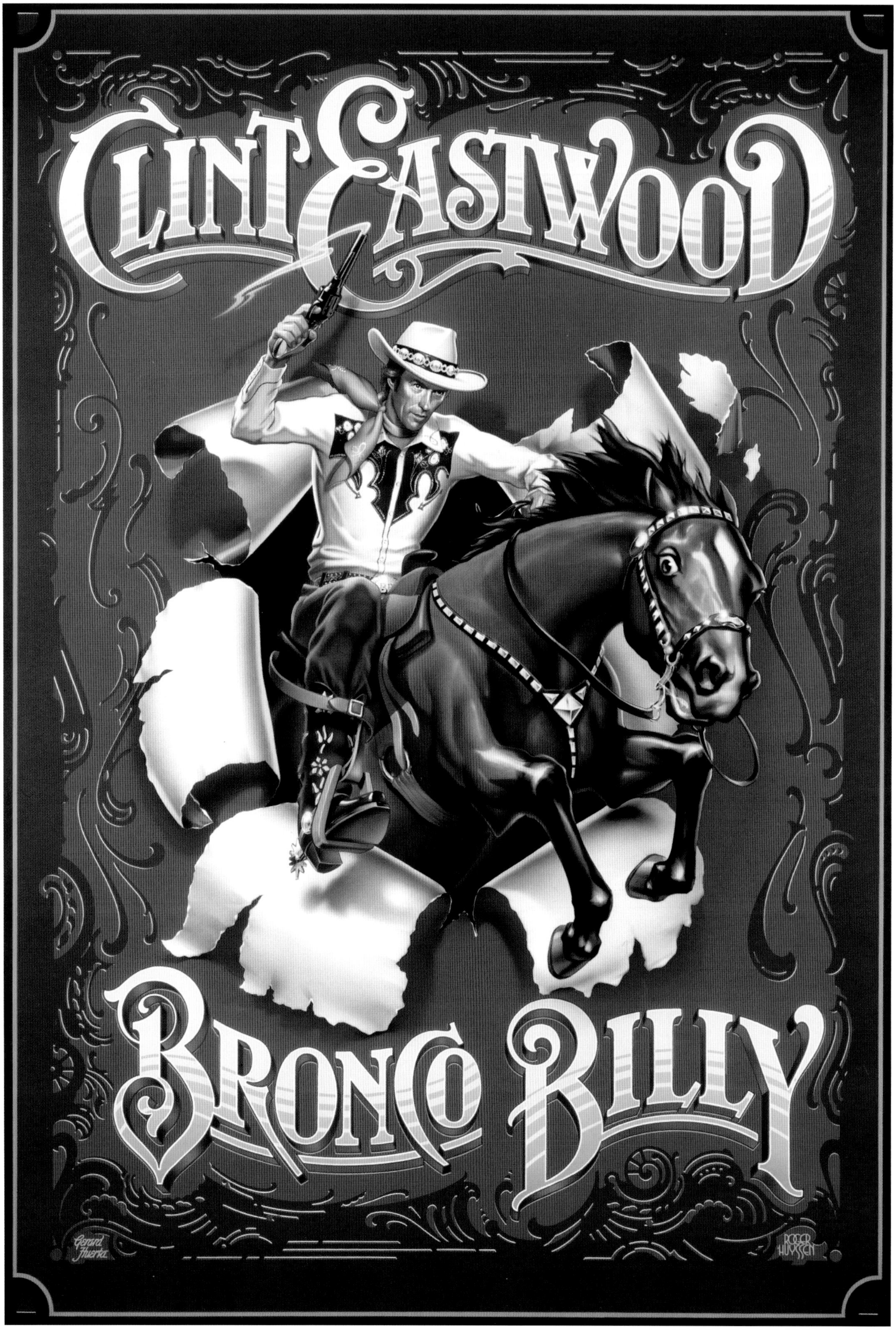
CLINT EASTWOOD
BRONCO BILLY
Gerard Huerta
ROGER HUYSSEN

lo condenaron por disparar a su anterior esposa tras sorprenderla en la cama con su mejor amigo. Tal y como apunta él mismo, las mujeres van y vienen, pero los buenos amigos son para siempre. Billy vive siguiendo un credo muy simple: adora a los niños y quiere ser un buen ejemplo para ellos, es fiel a su *troupe* y ama profundamente a su país por las oportunidades de reinventarse que le han ofrecido. Curiosamente, esta filosofía acaba reportándole, tanto a él como a su compañía, una larga serie de desventuras.

Bronco Billy no tiene una mente tan simple como Philo Beddoe; de hecho, se parece más al Clint de aquella época, entregado por completo a las películas a pequeña escala en las que empleaba repartos y equipos técnicos de confianza y a los que conocía, confiando en su poder de estrella de Hollywood para obtener unos beneficios en taquilla mejores que los de Bronco Billy con su compañía. En aquella época se refería a sí mismo como un bateador todoterreno sin unas expectativas demasiado altas. Por alguna razón

nada evidente, *Bronco Billy,* pese a sus múltiples encantos, no obtuvo unos resultados comerciales muy brillantes. En realidad, otro tanto ocurrió con algunas películas protagonizadas por actores como Robert Redford, Burt Reynolds y John Travolta, que nada pudieron hacer ante el éxito de *El imperio contraataca* del fenómeno *Star Wars*. La saga de George Lucas cambió las reglas del juego y alteró el modo en que se imaginaban las películas, se vendían y se estrenaban. Por supuesto, la apuesta era mucho más arriesgada que una cinta como *Bronco Billy,* pero la recompensa potencial por asumir dicho riesgo también era mucho mayor. Sin embargo, todo esto no implica que la película de Clint fuera un fracaso abyecto, pues sólo costó 5 millones de dólares y recaudó unos 30 millones en todo el mundo. Tal vez sea incluso más importante destacar que para Clint sigue siendo uno de sus trabajos preferidos. También lo es para mí, porque es un homenaje dulce y azucarado a la ingenuidad del sueño americano, y al afecto que las películas han profesado a las personas buenas, sencillas y cada vez menos numerosas que se aferran a ese sueño, sin recurrir al lunatismo hoy en día casi endémico de los desvalidos de Estados Unidos.

> "Había algo maravillosamente naíf en todo aquello: un hombre que vende zapatos en Nueva Jersey sueña con convertirse en una especie de Tom Mix moderno o algo similar... Un tipo con grandes virtudes, aunque, evidentemente, se le había ido la cabeza y se había transportado a otra era."

PÁGINA ANTERIOR El cartel acertadamente nostálgico de *Bronco Billy*.
ESTA PÁGINA El público no estaba preparado para *Bronco Billy*, un tributo dulce y tontorrón del ingenuo sueño americano, pero sigue siendo una de las películas favoritas de Clint.

LA GRAN PELEA 1980

Es casi inevitable que cualquier película que recauda más de 100 millones de dólares, como fue el caso de *Duro de pelar*, exija una secuela, y ése fue el motivo por el que se filmó, aunque fue algo más coherente en su narración. Tenía casi el mismo reparto, pero el orangután era distinto y también el director, Buddy Van Horn, que literalmente había nacido en el mundo del cine (su padre había sido el jefe de veterinarios de Universal) y había empezado a actuar como motorista y responsable de escenas peligrosas. En los inicios de la carrera de Clint como estrella, Van Horn hizo buenas migas con él. Hombre de habla suave, curtido y muy tranquilo, era el tipo de persona que gustaba a Eastwood. Al referirse a la relación que mantuvieron ambos durante el rodaje, el director confiesa que «Casi nos entendíamos con sólo gruñirnos».

En la película, Clint vuelve a estar deseoso de abandonar su carrera de boxeador sin guantes con el interesante pretexto de que se había dado cuenta de que comenzaba a gustarle el dolor de esos combates. Esta línea argumental prácticamente queda abandonada, pero las aventuras de Clyde están bien gestionadas y son divertidas. Una vez más es el icono incontestable de la película, una criatura cuya respuesta a cualquier dificultad resulta del todo natural, inocente y casualmente divertida. El argumento en torno al que gira el filme es una pelea proyectada entre Philo y un campeón de la Costa Este llamado Jack Wilson, al que Philo rehúye hasta que los mafiosos secuestran a su arrogante novia (Sondra Locke, en el mismo personaje que en la anterior película de Clyde) y le dicen que no la volverá a ver si se niega a pelear.

Eso es justo lo que hace, pelear en un combate a gran escala que transcurre de modo interminable a lo largo de toda la calle principal de Jackson Hole, Wyoming, acompañado por una multitud escandalosa. Se trata de una secuencia de acción bien coreografiada e imaginativa en una película agradable. Naturalmente, su defecto más notable es que es previsible. Al conocer por vez primera a Philo, Clyde y sus desenfadados amigos eran una auténtica sorpresa, pero, llegados a este punto, ya sabemos de dónde vienen y podemos predecir adónde van. Ahora bien, esa previsibilidad no consigue malograr la diversión que ofrece la película. Ni sus resultados en taquilla.

DERECHA El director Buddy Van Horn supervisa la acción en uno de los mayores éxitos de Clint SUPERIOR De nuevo con Sondra Locke. PÁGINA SIGUIENTE Un matrimonio que clama al cielo.

DOBLE PÁGINA Clyde, esta vez otro orangután que llena la escena. La crítica tachó la película de manida, pero lo cierto es que fue todo un éxito.

FIREFOX 1982

Rebosante de efectos especiales, *Firefox* fue la producción más cara que Malpaso había emprendido hasta la fecha, y aún hoy en día es, al menos para mi gusto, la película de género menos destacable de Clint. La cinta nos presenta al gran piloto Mitchell Gant viviendo solo en un lugar salvaje, tratando de recuperarse de su traumático paso por la guerra de Vietnam (por la noche continúa reviviendo en sueños las bajas civiles que presenció y sus propias experiencias en un campo de prisioneros). Sin embargo, habla ruso con fluidez y su pericia como piloto sigue intacta, lo que lo convierte en el hombre ideal para infiltrarse en la URSS y robar el caza que da título al filme (el más avanzado del mundo) de modo que Estados Unidos puedan encontrar un modo de hacer frente a su archienemigo. Así lo hace, ayudado por los miembros de un grupo judío, algunos de los cuales trabajan en el avión.

Cuesta comprender qué aspecto de la novela de Craig Thomas atrajo a Clint, salvo la oportunidad de trabajar con efectos especiales, algo que no había hecho antes y que en aquella época estaba de moda. No hay nada malo en las secuencias con efectos especiales, simplemente es que no destacan al estilo del tándem Lucas-Spielberg. Tampoco hay nada malo en la interpretación de Clint, que hace de hombre atormentado en un tono visiblemente torturado, pero su actuación no presenta ningún matiz anárquico o excéntrico. Recupera el tono taciturno de sus películas anteriores, pero sin el punto divertido, o al menos irónico, que a veces daba a este tipo de personajes. En su crítica de *Firefox*, Andrew Sarris apuntó de un modo bastante incisivo que Clint no era «el icono del *establishment*» que pensaban sus detractores de la Costa Este, sino más bien un hombre solitario y misterioso con pocos lazos que le unieran a la civilización» y que «siempre ha parecido tremendamente cómodo enfundado en un uniforme y en el seno de una organización».

En cierto modo, el momento elegido para realizar esta película tan estándar no fue el idóneo, sobre todo porque por fin comenzaban a tomar en serio a Clint en los círculos intelectuales, tal como lo demuestra el hecho de que por aquel entonces se celebraran dos recepciones en su honor en el Museo de Arte Moderno de Nueva York (Clint se mostró emocionado por este reconocimiento a sus películas de la mano de una institución tan seria y prestigiosa). Por aquellas mismas fechas *The New York Review of Books* publicó un análisis de él nada desfavorable realizado por Robert Mazzoco, quien, de un modo dudoso, aunque sin ir del todo errado, lo asociaba con el al nuevo espíritu de Estados Unidos de Ronald Reagan porque combinaba

«la irreverencia del espíritu libre y la dureza del individualista curtido». También observó con bastante acierto la resistencia de Clint a ser «absorbido» por las convenciones del cine de género, aunque en *Firefox*, más que ser absorbido, prácticamente quedaba sepultado bajo ellas.

Sin embargo, nadie pareció reparar en ello. Pese a su presupuesto, la película tuvo un moderado éxito comercial, y sus nuevos fans entre los cinéfilos más cultos se limitaron a ignorarla. En realidad, creo que vivían una especie de etapa de transición: no estaban muy interesados en el cine de género, salvo como una fuente de placer de la que se avergonzaban; se sentían más atraídos por Clint como una especie de objeto de estudio sociológico que por la idea de que tal vez estuvieran presenciando el ascenso de un potencial artista del cine. Todavía iban a tardar una década en aceptar esta idea.

PÁGINA ANTERIOR Clint en el papel del piloto Mitchell Gant a punto de despegar.
DERECHA Eastwood, director de *Firefox*, junto al director de fotografía Bruce Surtees.

PÁGINA ANTERIOR Eastwood supervisa el exigente rodaje de la película más cara de Malpaso. ESTA PÁGINA *Firefox* fue una producción ambiciosa que hizo un uso sin precedentes (al menos para Clint) de los efectos especiales.

EL AVENTURERO DE MEDIANOCHE 1982

En 1982, cuando Clint lanzó *El aventurero de medianoche*, había llegado una nueva dirección a Warner Bros. Robert Daly procedía de la cadena CBS y Terry Semel había ascendido de entre la división de distribución del estudio. Funcionaban como directores de idéntico nivel y aseguraban que nunca se habían dicho una palabra más alta que otra. Juntos, acabarían impulsando una era en la que el estudio apostó con fuerza (y con gran éxito) por espectáculos caros, como las franquicias de *Superman* y *Batman*. Aquella circunstancia no alteró el estatus de Clint en el estudio: les gustaba y confiaban en él, en lo que era un sentimiento recíproco.

Buena muestra de ello es *El aventurero de medianoche*, probablemente la película más pequeña y barata que hizo en Warner Bros., y tal vez una especie de pequeño capricho que le concedieron los directivos. Cuenta una historia muy simple: Red Stovall, el personaje al que interpreta Clint, es un hombre que contempla cómo se le escapa la vida cantando por las carreteras secundarias de Estados Unidos. Irresponsable, descuidado y bebedor de talento modesto, de pronto recibe una invitación para una audición en el Grand Old Opry de Nashville, el paraíso para los cantantes de country, adonde decide dirigirse en un vetusto Cadillac que conduce su sobrino Whit (bien interpretado por Kyle, el hijo de Clint), que es tan sensible como Red errático. Durante un tiempo les acompaña el abuelo del muchacho, encarnado por el veterano John McIntire. En la carretera viven un gran número de aventuras tan peligrosas como cómicas, y pronto queda claro que Red sufre de una tuberculosis que probablemente es mortal. Por fin llegan a Nashville, donde la audición de Red va bien hasta que le sobreviene un ataque de tos. Morirá pronto, pero antes tiene tiempo de grabar un disco con sus mejores canciones en el cual se nos sugiere que descansarán sus tenues aspiraciones de inmortalidad.

Creo que se trata de una pequeña película con un alma enorme, que refleja el afecto de Clint hacia las personas que sacrifican su talento en aras de la autodestrucción, así como la impaciencia que despiertan en él. En cierto modo podríamos decir que estos personajes son los anti-Clint del mundo, y él mismo ha declarado que le gustaría poderles inculcar un poco de sentido común a la fuerza, aunque nunca se le ha presentado la oportunidad. Me temo que soy prácticamente el único que tiene buena opinión de *El aventurero de medianoche*, ya que apenas recibió buenas críticas y muchos críticos incluso hicieron chistes baratos sobre el parecido de Red con Camille. Ade-

DERECHA Clint dirige *El aventurero de medianoche*, uno de sus muchos proyectos personales, con su hijo Kyle (SUPERIOR) en el papel de sobrino de Red Stovall.
PÁGINA SIGUIENTE Cartel del filme, menos pretencioso y caro, que hizo para Warner Bros.

"Red Stovall es un collage. Una mezcla de Hank Williams, Red Foley, Bob Wills, de todos esos cantantes de country que se tomaban el whisky a palo seco, quemaban su vida en la carretera y se acababan autodestruyendo."

más, curiosamente criticaban el estilo estrangulado de Clint al cantar, cuando es más que evidente que se trataba de parte de la interpretación, un intento de mostrar el efecto de la enfermedad en la voz del personaje. Hay abundantes pruebas, tanto en la pantalla como fuera de ella, de que su voz habitual es brillante, clara y de barítono, marcada por una excelente musicalidad.

La cinta sí que gozó en cambio de cierto éxito en el extranjero, y el mismísimo Norman Mailer escribió de ella que «era una de las películas más tristes que se habían estrenado hacía tiempo, pero, pensándolo bien, era fantástica. Al verla, uno sentía una cierta ternura hacia Estados Unidos». Sin embargo, el éxito fue demasiado discreto y llegó demasiado tarde, aunque unas críticas mejores no hubieran cambiado el destino de *El aventurero de medianoche*. La verdad es que al público no le gustaba ver a Clint en el papel de víctima. Su personaje podía tener problemas, pero al final debía triunfar de algún modo. Se puede apreciar este prejuicio en los resultados en taquilla de películas tan dispares como *El seductor* y *Cazador blanco, corazón negro*.

Sin embargo, este fenómeno no supuso en modo alguno que Warner Bros. le animara a dejar de hacer ese tipo de filmes. Daly declaró que uno necesitaba «la inteligencia, el poder económico y las agallas suficientes para quedarse en la mesa y seguir jugando», y eso es lo que Semel y él hicieron con Clint: permanecer en la mesa con él, por muchos pequeños percances que viviera. Sabían, y seguro que Clint también, que al final su paciencia hallaría recompensa y que a largo plazo les reportaría unos pingües beneficios. En ese contexto, los fracasos como *El aventurero de medianoche* no tenían mayores consecuencias.

Clint Eastwood
and
Kyle Eastwood
Honkytonk Man

PÁGINA ANTERIOR, IZQUIERDA Cartel que recrea a la perfección el aire melancólico del filme.
ESTA PÁGINA Las escenas en el Grand Ole Olry de Nashville recordaban a Clint
las penurias de su niñez y rendían homenaje a la música con la que creció.

IMPACTO SÚBITO 1983

«Era una época de mi vida en la que intentaba hacer cosas distintas y el público no se sentía atraído por ellas», confiesa Clint sobre el momento en el que se disponía a hacer su cuarta película de Harry el sucio. Clint es un hombre práctico y, aunque se rio de un estudio de mercado de la compañía que revelaba que buena parte del público deseaba que volviera a interpretar a su personaje insignia, un guión de Joseph C. Stinson aportó una cierta originalidad a la idea.

Evidentemente, el guión contenía su frase lapidaria («Alégrame el día»), pronunciada en el transcurso del atraco a un bar, mientras Clint se dispone a acabar con el último delincuente. Sin embargo, lo que le pareció más interesante fue el eje central del argumento. Se están produciendo asesinatos de hombres, aparentemente elegidos al azar, a los que disparan en los genitales. Harry identifica a la asesina bastante pronto: se trata de una pintora de cuadros inquietantes llamada Jennifer Spencer. Pronto sabemos que, junto a su hermana, fue víctima de una violación en grupo, que a consecuencia de ello su hermana acabó internada y que Jennifer (Sondra Locke) evidentemente tampoco es una persona del todo estable. Pese a ello, Harry se enamora de ella, por lo que la película gira alrededor del dilema de si debe detenerla o no por sus crímenes.

Se trata de una sólida película policíaca que, además, reportó cuantiosos beneficios, pero sin duda su punto de mayor interés radica en la respuesta que obtuvo por parte de los críticos. Como ya sabemos, los anteriores filmes de Harry el sucio fueron o bien vilipendiados hasta lo indecible, o, las más de las veces, ignorados sin más. Esta, por el contrario, fue interpretada por muchos críticos como una parábola feminista, aunque los puntuales apuntes jocosos de los diálogos se mezclaban de un modo bastante incómodo con las consideraciones morales acerca de la venganza al margen de la ley. No cabe duda de que en algunos ámbitos se percibió que las posibilidades de filmar una película bastante seria quedaron traicionadas por la necesidad de cumplir con las convenciones del género, pero también se percataron de que *Impacto súbito* por lo menos trataba de ir más allá de dichos límites. Al compararla con otra cinta, *Más allá del valor*, sobre el intento de rescatar a un soldado al que retienen prisionero en Vietnam, David Denby observó que «establecen contacto con el estrato pesimista que subyace en lo más profundo de este país, una especie de desesperación residual que trans-

curre más allá, o por encima, de la política. En estas películas, Estados Unidos son un fracaso, una vergüenza, un país dirigido según el dictado de la eficiencia y el beneficio, una nación que ha traicionado sus ideales».

Esta interpretación resulta demasiado dramática, pero tampoco es del todo errónea. Tiene un palpable tono oscuro, común a todas las películas de Harry el sucio, que en mayor o menor medida siempre abordan las irracionalidades de la vida estadounidense. Además, bajo la dirección de Clint, es el filme visualmente más negro de la serie. Creo que es mejor entenderla como un ejemplo de la determinación instintiva de Clint a añadir valor a una película de género, a sugerir, tal y como sostiene el cliché, que la acción se basa en el personaje y que los personajes como el que Locke interpreta pueden retratarse de un modo más profundo e interesante, más retorcidos por la crueldad de las circunstancias de lo que ellos mismos, o nosotros, podríamos imaginar cada vez que hacemos frente a lo que esperamos que sea nuestra inofensiva y habitual rutina. A las buenas personas les pasan cosas malas, y el resultado de ello es lo que esta película refleja a la perfección.

PÁGINA ANTERIOR Cartel de una de las películas más exitosas de Clint.
DERECHA *Impacto súbito* fue la cuarta secuela de *Harry el sucio*, la primera dirigida por Eastwood.

"¡Vamos, alégrame el día!"

Harry Callahan

PÁGINA ANTERIOR Sondra Locke en el papel de la asesina vengadora de *Impacto súbito*, tras la banda que la violó a ella y a su hermana. IZQUIERDA El retorno de Eastwood a su papel más famoso fue premiado con un éxito masivo.

165

EN LA CUERDA FLOJA 1984

En la cuerda floja bien podría ser la película de género más perfecta de Clint Eastwood hasta la fecha. Se trata de una buena historia de corte tenso en la que interpreta a Wes Block, un detective de Nueva Orleans que persigue a un asesino en serie sadomasoquista. La cinta presenta a Wes como un hombre de familia que, tras ser abandonado por su esposa, hace todo lo posible por asumir el papel de padre y madre para dos niñas, una de las cuales es interpretada por Alison, la hija del propio Clint. Se trata de la primera película que gira alrededor de una familia con problemas en la que no interpreta a un desconocido o un forastero que interviene en sus vidas: Wes es una parte del principal problema que plantea el filme.

Tal vez lo más importante de la película es que en *En la cuerda floja* se produce un giro argumental significativo (único, en realidad) que la distancia del género. El detective se siente atraído por el mismo lado oscuro de la sexualidad que el asesino; a él tampoco le importa hacer sufrir a las mujeres antes de tener relaciones con ellas. Evidentemente, en muchas películas anteriores ya sospechábamos que el policía comparte las perversiones del criminal al que persigue, pero en ninguna se muestran de un modo tan abierto, aunque sea de forma discreta. Sin embargo, tiene un motivo no confesado, la esposa huida a la que tal vez hubiera podido «atar» más a casa. La terapeuta interpretada por Geneviève Bujold lo cura muy rápido al esposarse una muñeca y extender los brazos, invitando a Wes a cerrarlas del todo. Con eso basta para librarlo de su obsesión y conducir la película hacia un final satisfactorio.

En la cuerda floja mantiene un pulso narrativo estupendo; posee una naturalidad que no resulta ni demasiado acelerada ni muy pausada y, aunque presta

PÁGINA SIGUIENTE Una clase distinta de policía sucio en *En la cuerda floja*.

plena atención a la persecución del asesino, también tiene tiempo para la comedia, para las tentativas de romance e incluso para algunas vistas. Buena parte de este equilibrio puede atribuirse al excelente guión de Richard Tuggle, maduro en el mejor sentido de la palabra. Ahora bien, no se puede atribuir a su dirección, por más que sea el director oficial de la cinta: como tantos escritores, veía demasiadas posibilidades en cualquier escenario y dudaba entre las múltiples opciones, con lo que el avance de la producción se tornaba inseguro. Clint nunca ha hablado de este asunto en público, pero otros miembros del equipo sí lo han hecho; es incuestionable que Clint reemplazó de una forma muy discreta a Tuggle a los pocos días de rodaje, aunque lo mantuvo a su lado hasta completar la película. Incluso lo recomendó como director para otra cinta. Es una curiosidad inexplicable que este buen autor (había escrito con anterioridad *La fuga de Alcatraz*) haya aportado tan pocos guiones dignos de mención en los años posteriores.

El filme tuvo un gran éxito de taquilla, pero no tanto entre los críticos, que parecían reacios a abandonar sus prejuicios contra las películas de género, cuando considero que es mejor que *Impacto súbito*, que tanta algarabía despertó entre ellos. Sin embargo, por vez primera se escucharon grandes elogios en torno a la actuación de Clint en algunos de los mejores círculos de críticos, uno de los cuales lo calificó como «uno de los actores con más talento en la sombra de las películas norteamericanas». Otro habló de su «lujuria desamparada», mientras que un tercero se refirió a él como «un icono cinematográfico muy atormentado cuya interpretación es convincentemente espectral». El estudio, agradecido, montó una campaña de promoción de cara a los premios de la Academia de aquella temporada.

ESTA PÁGINA *En la cuerda floja* aleja a Eastwood del arquetipo con un detective que siente una perversa afinidad con el asesino al que persigue.
PÁGINA SIGUIENTE, INFERIOR Alison, la hija de Eastwood en la vida real, interpreta a la hija del detective en la película.

> "Lo que me atrae son los personajes que interpreto. Un personaje sobrehumano que tiene todas las respuestas es realmente genial, existe por sí mismo, sin la sociedad o sin la ayuda de las fuerzas policiales de la sociedad. Pero eso no puede ser: el hombre siempre sueña con la individualidad, pero en realidad es un animal de manada."

CLINT EASTWOOD · BURT REYNOLDS

CIUDAD MUY CALIENTE 1984

Sobre el papel parecía una oportunidad caída del cielo para divertirse obteniendo unos buenos beneficios: dos de los grandes sementales del momento, Clint y Burt Reynolds, compartiendo cartel en una comedia negra escrita y dirigida por Blake Edwards, cuyo genio estaba por aquel entonces en su punto álgido. ¿Qué podía ir mal? Pues resultó que muchas cosas.

Para empezar, Edwards exigía detalles caros (por ejemplo, un coche con chófer que le llevara desde su casa de Santa Mónica al estudio), algo a lo que Eastwood, siempre austero, se oponía. Además, en su opinión y, quizás en la de más gente, era preciso reescribir el guión, algo que Edwards no estaba dispuesto a hacer. Así que éste pronto quedó fuera del proyecto, su guión fue revisado por otra persona y le sustituyó a las riendas de la dirección Richard Benjamin, un autor convertido en director que había hecho un buen trabajo en un par de películas de temática nostálgica (una de ellas *Mi año favorito*). El contexto parecía adecuado para *Ciudad muy caliente*, cuya acción transcurría en Kansas City durante la década de 1930.

La historia era bastante corriente: el teniente Speer (Clint) y su antiguo compañero, el ingenioso Mike Murphy, que actualmente trabaja como detective privado, en su día se adoraban pero ahora se odian. Sin embargo, se unen para atrapar a unos delincuentes que han liquidado al nuevo socio de Murphy y que poseen documentación que implica a agentes públicos en una trama de corrupción. La historia no tiene nada de malo, aunque tampoco se resuelve de un modo muy brillante. Todo depende del brío y la energía que los protagonistas sean capaces de aportar a la narración, y aquí fue donde empezaron los auténticos problemas.

Reynolds se lesionó al poco de comenzar el rodaje, una circunstancia que le dejó sin energías, y que además lo convirtió por un tiempo en un adicto al analgésico Percodin. Clint consideró que su viejo amigo estaba a punto de perder la cabeza a medida que iba avanzando el rodaje (filmado en orden cronológico) y se acercaban las secuencias de acción trepidante, así que terminó por pedir a Benjamin que abandonara sus planes perfectamente elaborados para el gran tiroteo final. Sugirió que sólo dispusieran su desarrollo básico y dispararan un montón de pistolas con la esperanza de poder realizar un trabajo más elaborado más adelante con la ayuda del personaje de Clint. En este contexto, la película perdió buena parte de su encanto, y lo que quedó fue gracias al excelente traba-

jo actoral de Madeline Kahn y Jane Alexander. Lo que tenía que ser un bombazo taquillero navideño acabó transformándose en una «decepción», tal y como reconoció un portavoz del estudio. Aquel diciembre, el público se inclinó mayoritariamente por *Superdetective en Hollywood*, de Eddie Murphy.

En realidad, toda la culpa tampoco debe recaer en Reynolds, ya que más o menos resultaba pasable en la cinta, aunque sin duda fue un peldaño más del largo, lento y triste declive de su carrera. Tampoco fue culpa de Clint ni de Benjamin. El principal problema radicaba en que el guión era demasiado complicado para el espíritu ligero que todo el mundo esperaba de la película. Tal vez fue la época en la que transcurría la acción lo que alejó al público. ¿Quién sabe? Los motivos de un fracaso son tan diversos como los de un éxito, y Hollywood siempre ha preferido fijarse en los del segundo, olvidando las lecciones del primero. En cualquier caso, lo que Clint aprendió de *Ciudad muy caliente* fue una lección que ya sabía: la idea misma de que las estrellas adecuadas en el vehículo correcto formaban un cóctel destinado al éxito seguro a menudo estaba muy alejada de la realidad. Es mejor confiar en el instinto de uno y no dejarse cegar por los grandes nombres y las grandes promesas, es decir, volver a afrontar el negocio como él solía planteárselo.

PÁGINA ANTERIOR Cartel de *Ciudad muy caliente*, donde Clint y Burt formaron equipo por primera (y única) vez.
DERECHA Richard Benjamin dirige a Clint y a Jane Alexander.

DOBLE PÁGINA Escenas de acción de *Ciudad muy caliente*, que tendría que haber sido un taquillazo, aunque los resultados de esta tormentosa producción se consumieron en su propio fuego. Fue una lección que hizo que Clint se diera cuenta de que debía confiar en su instinto y volver al negocio tal como lo había enfocado hasta entonces.

EL JINETE PÁLIDO 1985

«El *western* es un mito, así que más vale ir en plan mitológico de principio a fin». Clint tiene razón en este punto, algo que demostró a la perfección en *El jinete pálido*. El misterioso jinete al que interpreta aparece en un pequeño pueblo fangoso del Oeste, machaca a unos gallitos que están amenazando a Hull Barrett, un minero de buenos modales, y a continuación lo acompaña a su campamento, donde lava oro junto a otros buscadores. Una vez allí revela que es un «predicador» (lleva alzacuellos), aunque le gusta el whisky y, más tarde, también una viuda (Carrie Snodgress). El factor más importante es que es un personaje mágico que envalentona a los buscadores en su lucha contra Coy LaHood (Richard Dysart), que dirige una enorme extracción minera (evidentemente, inviable desde el punto de vista ecológico) y que, sin motivo aparente, aparte de ser el malo de la película, codicia sus tierras.

El personaje de Clint, al que sólo conocemos como «el Predicador», es un icono mágico. Cada vez que su familia adoptiva tiene un problema, encuentra el modo de defenderla. Sin embargo, es algo más que eso. En un momento bastante temprano de la película, se quita la camisa y nos deja ver que tiene cicatrices de agujeros de bala, suficientes para darnos a entender que fue asesinado y que estamos frente a un fantasma. En ningún momento se nos explica por qué ha elegido adoptar a este grupo de mineros desahuciados, salvo por el hecho de que es Clint Eastwood y tiene tras de sí una larga tradición cinéfila de hacerse amigo de los desamparados y protegerlos. Al final de la película, LaHood hace entrar en escena a un jefe de policía

corrupto y sus agentes para acabar con el Predicador, momento en el que entendemos que ellos son quienes lo asesinaron en su día. Evidentemente, esta vez él se venga y lleva la paz a los mineros.

Hasta cierto punto, esta película es una réplica de *Raíces profundas* con un giro sobrenatural, aunque el Predicador es una figura todavía más mágica, tal vez incluso un símil de Jesucristo que protagoniza toda una resurrección. La otra gran variante respecto a *Raíces profundas* es que la figura adolescente que tanto lo admira es una chica joven en vez de ser un muchacho. Sin embargo, el factor fundamental de la película es que ofrece una prueba más de que a Clint le gusta interpretar personajes que tienen la capacidad de aparecer de forma misteriosa, sin previo aviso, en el momento en que más los necesitan personas cuyas opciones están muy limitadas por restricciones realistas. Dado que Clint es básicamente un realista, este tipo de personajes son un modo de expandir los límites de la realidad, tal vez incluso una forma de sugerir que todos nosotros (él incluido) necesitamos, en ciertas circunstancias, un toque de buena suerte mística que nos permita alcanzar un final feliz. Aunque tal vez no es más que el reconocimiento sincero de que el improbable heroísmo inamovible de las películas no es en el fondo más que una convención narrativa y que, en realidad, la mayoría de los protagonistas de los filmes acabarían muertos y sus causas irremediablemente perdidas si no contaran con algo de magia de su lado.

La película, rica en ironías directas y divertidas, tampoco ahonda en este punto. Deja abierta la posibilidad de que, como Joe en *Por un puñado de dólares*, el Predicador, gravemente herido, lograra arrastrarse hasta alguna guarida oculta, se recuperara y regresara al mundo sin haberlo abandonado en realidad. No obstante, ésa es la explicación de los serios y los escépticos. En este caso, prefiero la explicación más mística de su inmanencia, y es evidente que Clint piensa igual. Es mucho más divertido.

"Bueno, detrás había una especie de sentimiento espiritual distinto al de *Sin perdón*. Se trataba de una lucha con el alma y el pasado. En este filme no se sabe si es un hombre de carne y hueso o una aparición, o lo que sea, pero es decididamente un personaje extraño. Y predica muchas lecciones éticas estadounidenses, de un modo que puede resultar violento pero también delicado."

PÁGINAS ANTERIORES Y ÉSTAS Clint se reencuentra con el *western* en *El jinete pálido*.
PÁGINA SIGUIENTE Clint en el papel del misterioso «Predicador», con Sydney Penny que interpreta a Megan Wheeler.

EL SARGENTO DE HIERRO 1986

«*El sargento de hierro* es mi declaración definitiva sobre el macho», sentenció Clint. «Es el supermacho, y tiene la cabeza llena de mierda... Simplemente es un absoluto ignorante». Se trata del sargento de artillería Tom Highway, merecedor de la Medalla de Honor, que vive para la Marina de Estados Unidos aunque en el fondo es tan rebelde frente a la autoridad institucional como Harry Callahan.

Ha vuelto al campamento Pendleton, en California, con la misión de poner en forma a base de golpes a un pelotón de reconocimiento descarriado. También tiene una misión personal: reconciliarse con su mujer, que se ha separado de él, interpretada con garbo por una divina Marsha Mason.

Al principio, ninguna de las dos tareas va especialmente bien. En un primer momento, los soldados a su mando se muestran de lo más reacios pese a las sartas de insultos hilarantemente obscenas que les dedica (escenas que salen bastante favorecidas comparadas con las secuencias similares de *La chaqueta metálica*, de Stanley Kubrick, estrenada un año después). Aún peor, su esposa Aggie, que sigue sintiéndose atraída por él a pesar de lo que le dicta su buen criterio, es escéptica sobre la posibilidad de que se reforme. Y el proceso de reforma incluye consultas a revistas femeninas en las que se exige a los hombres aferrados a sus actitudes antediluvianas que adopten una nueva conducta masculina.

Poco a poco, y de un modo cómico, la gente comienza a responder a sus virtudes. El pelotón empieza a ponerse en forma y, lo que es mejor, a forjar un sentido de identificación como unidad de combate. Por otra parte, Aggie comienza a ablandarse un poco. Al principio de la película, un oficial dice a Highway que tendría que estar encerrado en una urna de cristal con un cartel que dijera: «Romper el cristal sólo en caso de guerra». Dicho de otro modo, aunque nos gustaría que fuese diferente, todavía no hemos logrado (y sin lugar a dudas no lo lograremos jamás) desprendernos de la necesidad de las virtudes militares de hombres como Tom Highway.

Todas ellas se requieren en la insignificante invasión de Granada. Clint admite que se trató de una guerra minúscula y bastante pobre, pero en aquella época era la única que había a mano, y Highway y su pelotón sirven en ella heroicamente y (a mi juicio) durante un poco de metraje más de la cuenta. Al volver a casa los reciben como héroes, y Aggie se encuentra entre la comitiva.

No creo que *El sargento de hierro* esté entre las mejores películas de Clint, pero hay algo especial en esta cinta: las poses paródicas de masculinidad que exhibe, la curiosa ternura que inspiran sus intentos de adaptarse al extraño nuevo mundo que son Estados Unidos tras la década de 1960 y, sobre todo, la voluntad de Clint de interpretar una vez más a uno de sus grandes cabe-zotas norteamericanos. En este retrato esencialmente cómico se ofrecen algunas observaciones sociales puntuales bastante agudas y, en algunos medios, se valoró en su justa medida la interpretación de Clint. Ciertamente, era el personaje más ridículo que nos había presentado. Clint no se siente del todo cómodo con un uniforme, pero aquí tiene algunas notables ambigüedades que mostrar, como su relación amor-odio con el cuerpo de los marines o su relación amor-desencanto con el sexo opuesto. La película no nos fuerza a prestar atención a estos asuntos, y representan el valor añadido que Clint agrega a lo que de otro modo no sería más que otro rutinario (y anticuado) ejercicio de género, una simple comedia militar.

SUPERIOR La «última afirmación del macho», *El sargento de hierro.*
PÁGINA SIGUIENTE Clint vuelve a romper arquetipos con el cabeza de chorlito Tom Highway.
DOBLE PÁGINA SIGUIENTE Eastwood en pleno trabajo.

"Quiere corregir a toda costa su vida, pero a la vez es de esa clase de gente que simplemente no puede hacerlo de una forma convencional. No pertenece a la generación sensiblona, por decirlo de algún modo."

BIRD 1988

El guión de Joel Oliansky llevaba una temporada dando tumbos y, en cierto momento, Clint confesó sentir cierta frustración cuando parecía que otro iba a hacer una película sobre el que había sido su héroe musical desde que era un adolescente. Cuando el guión pasó a manos de Ray Stark, el productor se enamoró de otro que controlaba Warner Bros. y llegaron a un acuerdo para intercambiarlos.

Tras la operación, Clint tuvo que esperar un par de años para iniciar la producción de la película: por un lado, porque estaba ocupado ejerciendo de alcalde de Carmel y, por otro, porque, dado que estaba decidido a incluir las grabaciones originales de Charlie Parker en la banda sonora, era necesario llevar a cabo un gran trabajo altamente técnico, tarea que supervisó Lennie Niehaus (a quien Clint había conocido en el ejército). Para adaptar el material a los estándares modernos se precisó cerca de un año y medio. Además, Clint no abordó la producción con su presteza habitual. Para él, aquella era la película más seria que había rodado jamás y no pensaba hacerla con prisas.

Es probable que se trate de su cinta más oscura, tanto desde el punto de vista técnico como desde el emocional, como precisa la historia de una vida corta (Parker murió cuando sólo tenía treinta y cuatro años), buena parte de la cual transcurrió en garitos de jazz llenos de humo y mal iluminados, languideciendo a medida que el genial intérprete caía en las garras de la drogadicción, que finalmente acabó con él. Clint no quería fantasear en absoluto sobre Parker. No quería retratarlo como alguien que lo entregaba todo a su arte, ni como un hombre mimado durante su infancia (una de las teorías que, en opinión de algunos, explicaría su comportamiento desenfrenado). Le bastaba con mostrar a un hombre-muchacho con un don, pero sin ningún sentido de la disciplina, salvo cuando se lanzaba en uno de sus solos de saxo arrebatados de genio.

PÁGINA SIGUIENTE Forest Whitaker en el papel de Bird.
DOBLE PÁGINA SIGUIENTE Clint y otros actores en el rodaje de su segundo filme únicamente como director, uno de sus proyectos más íntimos.

Bird es, en muchos aspectos, una película atípica de Eastwood, sobre todo porque carece de una línea narrativa clara (se cuenta como una serie de *flashbacks* desordenados), así como de cualquier rastro de comportamiento heroico. Sólo exhibe una compasión muy limitada por su bien interpretado protagonista (Forest Whitaker). Como Clint ha dicho repetidas veces, no puede entender el comportamiento autodestructivo. Lo mejor que puede hacer es mostrarlo, y eso es lo que hace en esta película, sin ningún resquicio claro de compasión. Si el filme tiene una moraleja, la aporta Dizzy Gillespie, interpretado por Samuel E. Wright, que es la réplica de Clint en la cinta, el artista profesional templado que comprende que, sobre todo para un hombre negro, resulta imprescindible mantener la buena forma y la energía para ser, si se puede, «un líder de hombres».

Considero que la serenidad y la objetividad de la película es su mayor fuerte. Nunca desprecia a Charlie Parker, pero tampoco barre hacia su casa, como tan a menudo hacen los filmes sobre genios superlativos. Refleja la paradoja que Clint había observado al escuchar a Parker en clubs de jazz, dado que era «el individuo con más confianza en sí mismo que haya visto en toda mi vida cuando tocaba el saxofón», pero que a continuación «simplemente se desvanecía en el escenario». Por las fechas en que se estrenó la película, Clint hizo un par más de declaraciones interesantes. En una de ellas comentó que era la primera cinta sobre un artista de jazz creada por «alguien a quien de verdad le gusta el jazz». Mientras que en la otra recordó que, cuando era joven, a menudo se veía a sí mismo como si en realidad fuera «un hombre negro en el cuerpo de uno blanco». No dudo de su sinceridad ni por un instante. Había

sido pobre. Y se había sentido desorientado. Lo que lo salvó fue el hecho de encontrar un talento y nutrirlo, tal y como había sucedido a tantos hombres negros de aquella generación y de las anteriores.

A pesar de todo, *Bird* demostró ser un producto difícil de vender. Para empezar, el jazz era un placer minoritario que resultaba de poco interés para el gran público y, aunque muchos críticos de altos vuelos reconocieron que se trataba de una película con aspiraciones serias, también creyeron percibir «confusión» en su estructura (una observación carente de sentido, dado que el eje temporal no está más fracturado que en muchas otras películas aplaudidas precisamente por esa cualidad). Además, ciertos intelectuales versados en diversas lecturas alternativas sobre la vida y la carrera de Parker escribieron artículos sesudos denostando el hecho de que la película no siguiera su línea de pensamiento. Clint llevó la cinta a Cannes, donde tuvo un recibimiento tibio, y sólo Whitaker ganó un premio por su interpretación. Más adelante, el estudio organizó campañas de cara a los Oscar con vistas a la nominación por la película, por la dirección de Clint y por el trabajo de Whitaker, así como por el de Diane Venora, que bordaba el papel de su esposa, pero no sirvió de nada.

La verdad es que Clint nunca se ha llevado bien con Cannes y su amigo Pierre Rissient, que a menudo le ha ayudado como consejero en sus aventuras en el extranjero, recordaba que un miembro del jurado le aseguró en una ocasión que nunca darían un premio a «ese vaquero yanqui», algo que ha sido cierto hasta la fecha. Por supuesto, había realizado enormes progresos como para no merecer ese tipo de desprecios, pero en 1988, a los ojos de mucha gente, todavía no había dejado de ser un simple vaquero yanqui.

A FILM BY CLINT EASTWOOD

"Por lo que parece, no había bastante gente en Estados Unidos que quisiera ver la historia de un negro que acaba traicionando a su genio. Y no obtuvimos el apoyo de la audiencia negra que yo esperaba. El jazz ya no les va. Ahora es todo rap. Y tampoco hay demasiados blancos que lo admiren."

PÁGINA ANTERIOR El elegante cartel de *Bird*.
SUPERIOR El trabajo de Eastwood en *Bird* le valió buenas críticas, aunque la repuesta del público fue bastante fría.

LA LISTA NEGRA 1988

No se puede decir gran cosa de *La lista negra*, la quinta, última y menor de las películas de la serie de Harry el sucio. La historia trata de una competición cuyos participantes elaboran, cómo no, una lista negra con las personas que creen que pueden morir en el plazo de un año. Como es fácil imaginar, el ganador es quien acierta el mayor número de personas fallecidas.

Todo el suspense que genera la película deriva del hecho de que cierto número de candidatos lógicos son asesinados mucho antes de que les llegue la hora de modo natural.

El filme reúne algunos buenos actores (Patricia Clarkson, Liam Neeson y Jim Carrey en su primer papel notable), tiene un par de secuencias imaginativas, como una persecución entre vehículos de juguete cargados con explosivos o la muerte de un villano víctima de un arpón ballenero, y también lanza algunos ataques satíricos a la cultura de los famosos, en concreto a la avidez con la que persiguen los casos criminales, lo que plantea la pregunta de si la cobertura de los asesinatos no hace sino animar a los criminales. Asimismo se mofa de las pretensiones endiosadas de los directores de cine e incluso una crítica de cine irritante (chúpate ésa, Pauline Kael) halla un fin desafortunado.

Bajo la dirección relajada de Buddy Van Horn, *La lista negra* es, como mucho, un entretenimiento rutinario que seguramente pretendía ser la aventura más desenfadada de Harry Callahan, aunque en ningún momento crea lo que podríamos llamar un ambiente jovial. Algunos críticos opinaron que Clint Eastwood dejaba ver su edad en la película (tenía cincuenta y ocho años cuando se estrenó), pero me da la impresión de que lo que proyectaba era una cierta distracción. Al fin y al cabo, ya había comentado antes de comenzar a rodar que Harry había pasado a ser «un capítulo cerrado para mí». *Bird*, la película que acababa de completar, se hallaba en proceso de posproducción y estaba a punto de estrenarse en el Festival de Cine de Cannes, por lo que Clint básicamente dejó que fueran otros quienes terminaran *La lista negra*. Nunca se lo he preguntado, pero siempre he sospechado que la película, la menos rentable de toda la franquicia de Harry el sucio, fue una manera de pagar al estudio por haberle permitido llevar a cabo aquella obra que tanto amaba.

En cualquier caso, la cinta no causó ningún perjuicio ni a la reputación de Clint ni a las arcas de Warner Bros. John Ford siempre se había definido como un «hombre de carrera», refiriéndose a que con los años había vivido tantos fracasos como cualquiera, pero sentía que quedaban compensados por su mayor número de éxitos. Nunca he escuchado a Clint definirse en esos términos, pero estoy convencido de que así es como enfoca su dilatadísima trayectoria en la pantalla.

> **"De un personaje sólo se puede sacar provecho hasta cierto punto, y Harry el sucio ya estaba rozando ese límite."**

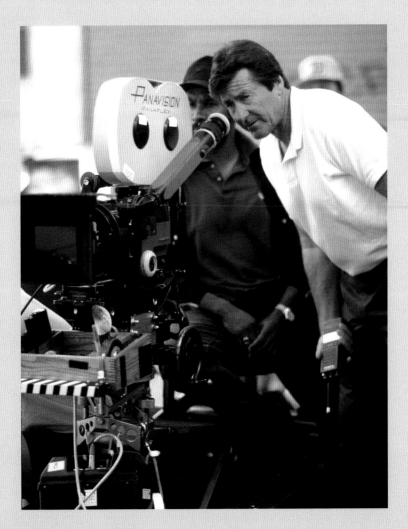

PÁGINA ANTERIOR Harry el sucio vuelve a la acción en *La lista negra*.
DERECHA El director Buddy Van Horn supervisa el rodaje.

CLINT EASTWOOD

DIRTY
HARRY
IN **THE
DEAD
POOL**

EL CADILLAC ROSA 1989

Afinales de la década de 1980 y principios de la década de 1990, Clint vivió un largo bache en su carrera de la mano de una serie de películas que fueron recibidas con algo peor que la habitual tibieza de los críticos y que también fracasaron en taquilla. Una parte de esos fracasos se puede atribuir a su confianza en el mercado a la hora de hacerse con los guiones; tal y como declaró más tarde, por algún motivo en aquella época simplemente no había guiones prometedores a su alcance. Sin embargo, el declive tenía otros motivos. Por una parte, su larga relación con Sondra Locke comenzaba a deteriorarse y su acritud en aumento demostró ser una fuente de distracción, aunque él nunca lo admitiera. Además, en 1990 Clint cumplía los 60 y reinaba la creencia de que, como incipiente hombre mayor, tal vez debía elegir sus proyectos con más dignidad. Ciertamente, la opinión general era del parecer de que no debería andar tonteando con cosas como *El Cadillac rosa*.

El estudio le había presionado para que aceptara el proyecto, creyendo que poseía parte de las cualidades desenfadadas de las películas del orangután (por más que carecía de su gran gancho comercial, el adorable Clyde). En lugar de ello, sigue las desaventuras de Tommy Nowack, un hombre dedicado a perseguir y devolver a la custodia de la ley a personas que se saltan la libertad condicional e intentan desaparecer entre el caos del Oeste. En concreto, persigue a Lou Ann McGuinn, interpretada por Bernadette Petters, que se había convertido en una estrella de Broadway gracias a su dulzura de muñequita y su capacidad para combinar inocencia y sagacidad. Como era previsible, entre discusión y discusión ambos terminan protagonizando una historia romántica y unas cuantas secuencias divertidas. También hay algunos pasajes de acción decentes, pero lo cierto es que bajo la dirección de Buddy Van Horn la cosa no termina de cuajar, ya que es demasiado casual, demasiado suelto. Y Peters, por muy adorable que pueda ser, no es una actriz de cine realmente curtida.

Si *El Cadillac rosa* posee algún interés, se debe a la determinación de Clint de interpretar a un maestro del disfraz, que de vez en cuando aparece como una enloquecida personalidad de la radio, como un chulo de casino vestido con una chaqueta dorada de lamé y un mostacho puntiagudo e, incluso, como un payaso de rodeo. No nos equivocábamos al apuntar que le

DERECHA Un atípico Clint en uno de sus filmes más atípicos.
PÁGINA SIGUIENTE Cartel de *El Cadillac rosa*.

gusta interpretar personajes mágicos que aparecen de la nada justo en el momento adecuado para alterar una línea argumental o simplemente para asombrar a los demás personajes de la película. Podemos apreciar que él mismo se divierte al llevar a cabo estos trucos, pero en cualquier caso no bastan para sacar adelante este pequeño filme renqueante.

Para empeorar las cosas, el estudio decidió estrenarla el fin de semana del Día de los caídos, que se estaba convirtiendo en el punto tradicional de lanzamiento de la temporada estival de taquillazos. La competencia de aquel año era *Indiana Jones y la última cruzada*, el asalto audaz y enérgico de Steven Spielberg a lo que quedaba del antiguo público masivo en las salas, los muchachos adolescentes. Indy enterró a Tommy, y recaudó 37,7 millones de dólares frente a los 4,4 millones del segundo. No sólo no hubo color, simplemente es que aquel combate jamás debió producirse. *El Cadillac rosa* no se recuperó del golpe y la prensa especializada contribuyó en gran medida al fracaso. Más tarde, Clint interpretó la situación de un modo filosófico: «La gente quería que fuera un paso más allá», reflexionó, y le pareció estupendo. «Al menos querían que fuese a alguna parte, y no simplemente a la puerta de salida.»

PÁGINA ANTERIOR Clint de payaso.
SUPERIOR Clint con Bernadette Peters en uno de sus filmes con peor crítica.

195

CAZADOR BLANCO, CORAZÓN NEGRO 1990

Cazador blanco, corazón negro es algo así como una cinta perdida en el corpus de Eastwood. Está basada en la novela de Peter Viertel, que a su vez se basaba en sus experiencias mientras trabajaba a las órdenes de John Huston puliendo el borrador final de *La reina de África* en las localizaciones exteriores del Congo allá por el año 1951.

El libro fue un bestseller y Viertel lo vendió a Columbia, escribió un guión y a continuación se enfrascó en lo que tal vez sea el período de desarrollo más largo de la historia de la gran pantalla. Otros escritores (como James Bridges o Burt Kennedy) realizaron borradores, y pasaron cerca de cuatro décadas antes de que Clint se decidiera por fin a hacer la película.

En parte fue porque había admirado desde siempre a Huston como director y, en parte, porque debido a la grandiosidad de su figura, era una especie de anti-Clint, lo que lo convertía en todo un enigma y un reto para él. Resumida en grado sumo, la historia presenta al personaje de Huston (que aquí se llama John Wilson) distraído durante un rodaje de exteriores y con un deseo obsesivo de matar a un elefante mientras su equipo se dedica básicamente a esperar sentado a que abandone su empresa casi alocada. Jeff Fahey, que interpreta a Peter Verrill, califica de crimen la idea misma de matar a una de las criaturas más nobles de la naturaleza, una opinión que no comparte Wilson: según él es peor que un crimen, es un pecado, pero es uno de los pocos que puedes perpetrar con una licencia legal. Finalmente, llega a enfrentarse a un elefante, pero no logra disparar. La criatura carga contra él y mata al guía local de Wilson, un hombre al que el director admiraba profundamente porque lo consideraba un hombre natural, no contaminado por los valores ambiguos de la civilización. Wilson regresa al rodaje transformado en un hombre visiblemente hundido. Derrumbado en la silla, apenas es capaz de balbucear la palabra «acción» para dar comienzo a la primera escena de la producción.

La historia contiene abundantes dosis de ficción. En realidad, Huston nunca intentó disparar a un elefante, y su confrontación con el animal resulta no poco ambigua. ¿No disparó por simple cobardía? ¿O tal vez porque le superó la magnitud del crimen que había estado a punto de cometer? Clint no lo ha

PÁGINA ANTERIOR Clint en el papel del obsesivo director John Wilson.

"Constantemente cito a John Wilson, mi personaje en *Cazador blanco, corazón negro*, cuando dice: 'No puedes dejar que ocho millones de comepalomitas te hagan ir por un camino o por otro'."

aclarado nunca. Como de costumbre, prefirió que el público se formara su propia opinión.

En cualquier caso, el enfoque que dio a la película enfatiza otros aspectos del carácter de Huston. Para empezar, Clint detesta la caza. Sin embargo, dejando este aspecto al margen, tenía la impresión de que Huston necesitaba alguna distracción para relajar la presión de tener que cumplir su principal cometido: realizar la película. «Siempre pensaba en la gente que dependía de él, así no tenía que concentrarse en el proyecto. Pensaba: "Vale, haré la película, pero mientras tanto, ¿qué pasa en Santa Amita?" o "Hay una chica despampanante que vive al otro lado de la ciudad y he quedado para cenar con ella", cualquier cosa que lo distrajera de la tarea central que le ocupaba».

Al estrenarse el filme, los críticos se fijaron en algo que les distrajo del propósito principal de ésta, que era el cuestionamiento de la típica actitud de macho. En lugar de centrarse en ello, cuestionaron la decisión de Clint de imitar el acento de Huston en su interpretación del personaje. A mí me pareció que lo imitaba de un modo creíble y meritorio, pero un pijo que se pavonea por el mundo con un rifle hecho a medida y trajes de sastrería, que habla por los codos de sentimientos morales con aires de grandeza y que, para rematar la historia, termina adoptando un aire derrotado no era la estampa que más iban a apreciar los críticos y el público en Clint. Además, cabe añadir que la lejanía de la situación de la película, tanto a escala temporal como geográfica, resultaba desalentadora. El estudio proporcionó a *Cazador blanco, corazón negro* algo que sólo puede describirse como un estreno a regañadientes: una proyección inicial en veinticinco salas, una presentación propia de una colección de arte que, desde luego, no tuvo continuidad. Como *Bird*, no recaudó más que la quinta parte del presupuesto, pero además en esta ocasión no granjeó a Clint el respeto como director que se había ganado con la anterior película.

Pese a todo, y dicho esto, creo que es una muy buena cinta, una exploración más y, en cierto modo, desde el punto de vista intelectual, una incursión más seria en el tema que en todo momento ha atormentado a Clint y a su carrera: ¿qué significa ser un hombre, sobre todo cuando eres un actor que encarna la condición masculina para el resto del mundo en una época concreta? Hay que ser valiente para retratar una gran figura con un aire altivo, descuidado y antiheroico, como hace en esta película.

DERECHA Clint dirige; la actriz Charlotte Cornwell.
PÁGINA SIGUIENTE Escena de *Cazador blanco, corazón negro*, donde Eastwood interpreta a un personaje basado en John Huston.

EL PRINCIPIANTE 1990

El principiante era otro de esos guiones que Warner Bros. prácticamente obligó a rodar a Clint, que en aquella época no tenía nada mejor que hacer. Creo que representa un malentendido fundamental (aunque tal vez simplemente fuera un ejercicio de nostalgia) sobre lo que Clint era, o debería hacer, en esa etapa de su vida. Los directivos de la compañía habían disfrutado de grandes éxitos de Clint en películas de acción y en comedias y, pese a que le consentían que llevara a cabo sus aspiraciones más serias, querían que continuara haciendo películas de entretenimiento de ambos géneros, por más que ya hubiera cumplido los sesenta (aunque no lo pareciera) y se hubiera ganado a pulso acometer proyectos de más envergadura.

La película retrata una relación conflictiva entre el detective veterano al que interpreta Clint y su joven compañero caradura (Charlie Sheen), un pipiolo rico que todavía no se ha hecho a la idea de que servir como policía es realmente un trabajo serio. Los diálogos carecen de chispa (ni se acercan al estilo sobrado de filmes del tipo *Arma Letal* o *La jungla de cristal*, que en aquella época estaban de moda) y algunos de los episodios de la historia (sobre todo una secuencia en la que la malvada Sonia Braga ata a Clint a una silla y le obliga a tener relaciones sexuales con ella a punta de cuchillo) son simple y llanamente de mal gusto.

La película cuenta con un par de buenas secuencias de acción, en concreto una en que Clint y Sheen salen por la ventana de un quinto piso dentro de un coche justo antes de que los consuma una bola de fuego y una persecución a alta velocidad en la que Clint persigue a un tráiler que transporta coches y va soltando la carga por el camino. Buddy Van Horn, el responsable de las escenas de riesgo, consideró que se trataba del «gag» más complicado que jamás había realizado.

Sea como fuere, el estudio lanzó la película en la saturada temporada de estrenos navideños y el resultado fue que prácticamente se hundió sin dejar rastro. «A veces estas cosas funcionan y otras, no», reconocería Clint más adelante. «Simplemente es complicado encontrar siempre material de buena calidad». La verdad, no obstante, era que se encontraba en un punto bajo de su carrera, con cuatro fiascos seguidos, y la prensa comenzaba a especular que estaba tan acabado como lo estaban en aquella época otros protagonistas de películas de acción como Burt Reynolds o Charles Bronson. Por fin había llegado el momento de meterse la mano en el bolsillo y sacar el proyecto que llevaba una década ahí guardado, esperando su momento.

DERECHA Un Clint con mirada agotada dirige *El principiante*.
PÁGINA SIGUIENTE Eastwood con Charlie Sheen, una pareja sin chispa.

> **"Lo más importante que debe hacer un director es reconocer el momento en que ve algo... Si realizas treinta tomas, la pregunta que te haces habitualmente es, ¿mejor treinta que una?"**

"Pulovski es el tipo de personaje por el que mejor se me conoció en el pasado."

PÁGINA ANTERIOR Un momento transitorio de calma.
SUPERIOR Momentos de acción más típicos de *El principiante*. El filme no consiguió
enganchar a la nueva generación de fans del cine de acción.

SIN PERDÓN 1992

Un vaquero borracho y armado con un cuchillo desfigura cruelmente a una prostituta. Sus compañeras sostienen que el agresor ha recibido un castigo insuficiente y ofrecen una recompensa por asesinarlo a él y a su compañero. La noticia de esta oportunidad llega a oídos de Will Munny, el personaje de Clint, un destacado delincuente que se ha reformado (o al menos eso es lo que él cree con firmeza) gracias al amor de una mujer ya fallecida.

Incapaz de mantener a sus hijos con los beneficios que genera su triste granja de cerdos y, con la ayuda de Ned Logan (Morgan Freeman), un antiguo compañero de andanzas al margen de la ley, decide matar a los vaqueros y reclamar la recompensa. Pero no tiene en cuenta la psicopatía sádica de «Little Bill» Dagget (Gene Hackman), sheriff de Big Whiskey, lugar donde se cometió el delito. Es, *in extremis*, un hombre de ley y orden, y como tal no piensa tolerar ningún altercado en su ciudad. No tarda en demostrarlo dejando inconsciente a Clint a base de golpes y azotando a Ned, hasta matarlo, cuando intenta sonsacarle qué camino ha tomado Will para escapar de sus agentes. Al final de la película, Will y Daggett se encuentran cara a cara, con un resultado previsible.

Cuando se estrenó la película, muchos críticos la calificaron como un *western* «revisionista», algo que sólo es cierto con matices. El resumen argumental muestra, en efecto, que contiene abundantes elementos del género y los puntos revisionistas del guión de David Webb Peoples se basan sobre todo en los detalles, en la formalidad de parte del lenguaje y la autenticidad contrastada de la jerga utilizada, en el hecho de que el delito principal sea un delito sexual en lugar de, por ejemplo, un robo de ganado, en su desarrollo, en la introducción de preocupaciones contemporáneas en el argumento, como el tema de la ley y el orden, por ejemplo, y también una versión primitiva del tema de la fama, con un novelista barato que ronda por la ciudad tratando de convertir a algunos sórdidos delincuentes fronterizos en personajes míticos para sus lectores de tierras lejanas. También sucede que los culpables de la agresión a la mujer no son del todo malvados; en realidad, son unos muchachos bastante agradables

PÁGINA ANTERIOR Una clásica y preciosa imagen de *Sin perdón*.

que actuaron movidos por la falta de juicio propia de su edad. «Ellos se lo han buscado», dice Schofield Kid, un aprendiz de pistolero medio ciego, a lo que responde un triste Will: «Todos nos lo hemos buscado».

Incluso el diseño de Big Whiskey, obra del director artístico Henry Bumstead, diverge de nuestras expectativas (se extiende bajo una colina, y su calle principal, en lugar de ser seca y polvorienta, es un mar de barro) y lo mismo puede decirse de la iluminación del operador de cámara Jack Green, la más oscura que he visto nunca en un *western*. Por decirlo del modo más sencillo posible, Clint y su equipo respondieron a la obra de Peoples con una intensidad y un sentido del detalle sin precedentes en todo el grueso de la filmografía de Eastwood.

Ya hemos visto que los mejores trabajos de Clint como director se producen cuando le animan a explorar más allá de los límites de las convenciones de un género, y eso es lo que hace con una vitalidad y un compromiso sin par en *Sin perdón*. Yo acudí a menudo al rodaje de exteriores en Saskatchewan, Canadá, pues estaba preparando un documental sobre la película, y, como tiene por costumbre en sus rodajes, Clint se mostraba en todo momento bonachón y humilde, el anfitrión perfecto para un reparto y un equipo técnico obligados a trabajar en duras condiciones. Si sentía algún tipo de pre-

sión para hacer una película exitosa tras su reciente serie de fracasos, la verdad es que no daba muestras de ello. En realidad, si algo parecía, era más sereno que de costumbre.

Cuando se estrenó la película casi un año más tarde, el reconocimiento de sus logros por parte de los críticos fue unánime; parecía que nadie, con la salvedad de Pauline Kael y sus acólitos, recordara la tibieza con que habían recibido hasta entonces sus películas. Es como si la etiqueta de «revisionista» que aplicaron al filme fuese su manera de decir que Clint era sin duda un nuevo hombre, una especie de director renacido. «He cambiado, Ned», confiesa Clint a Morgan Freeman mientras hablan del pasado sangriento de Will Munny. Algo así parecía implícito en el recibimiento que tuvo la película por parte de los críticos; todo el mundo, salvo su pequeña banda de seguidores entre los críticos, había olvidado que Clint llevaba abriéndose paso hacia esa apoteosis prácticamente desde el principio de su carrera, cuando trabajó en las películas más «revisionistas» de Leone.

A su debido momento se iniciaron los rumores relativos a los Oscar para *Sin perdón* y creo que Clint se sintió asombrado por ello. Sólo dos *westerns* habían ganado premios de la Academia hasta la fecha, y no tenía nada claro

SUPERIOR Will Munny (y Eastwood) inician su viaje de redención.
PÁGINA SIGUIENTE *Sin perdón* contó con el reparto más impresionante de toda la carrera de Eastwood.

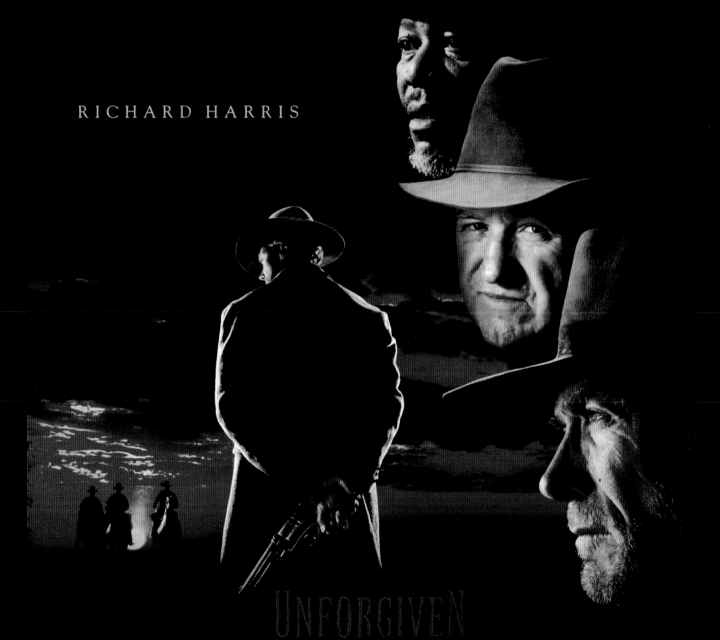

CLINT EASTWOOD

GENE HACKMAN

MORGAN FREEMAN

RICHARD HARRIS

UNFORGIVEN

> **"Me gusta que los buenos no sean tan buenos y que los malos no sean tan malos. Todo el mundo tiene sus defectos, su parte racional y una justificación para sus actos."**

SUPERIOR Will Munny se acerca al justo castigo.
PÁGINA SIGUIENTE *Sin perdón* restableció la supremacía de Eastwood.

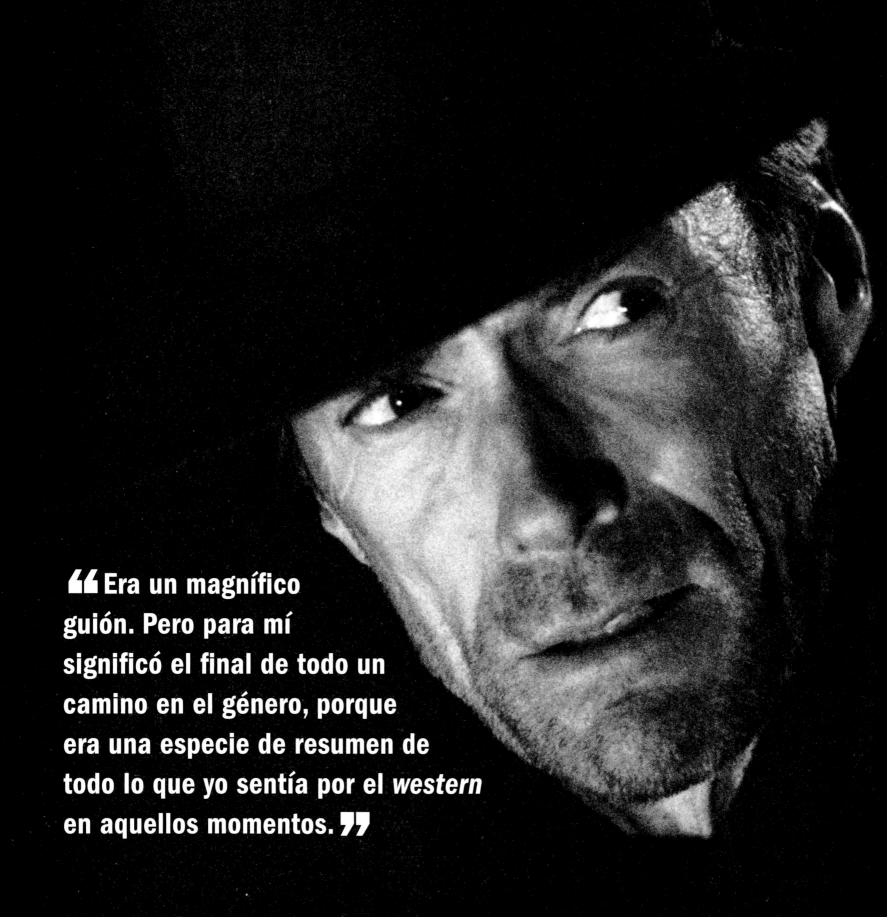

"Era un magnífico guión. Pero para mí significó el final de todo un camino en el género, porque era una especie de resumen de todo lo que yo sentía por el *western* en aquellos momentos."

que sus miembros estuvieran dispuestos a perdonar sus humildes inicios cinematográficos, así como su devoción por las películas de género. Evidentemente, se demostró que no se lo habían perdonado, aunque para mi gusto David Peoples merecía el premio al mejor guión y el propio Clint era con diferencia una elección más justa como mejor actor que Al Pacino.

En realidad, no tiene importancia; es algo que llevan implícito los Oscar. Sin embargo, no pasó lo mismo con *Sin perdón*. Todo el mundo reconoce que se trata de una gran película, lo cual resulta una prueba perfecta de que una cinta profundamente arraigada en el cine de género puede exponer grandes temas de una forma austera y seria. Tengo tendencia a evitar los superlativos, pero sigo estando convencido de que *Sin perdón* es el mejor *wes-tern* jamás rodado, mucho más rico desde el punto de vista temático e incluso visual que *Solo ante el peligro* o *Raíces profundas* y que todas las hermosas, aunque algo vacías, películas de John Ford que la gente continúa teniendo en un pedestal. Y me parece el mejor aunque sólo sea porque no es tanto una obra revisionista como una película modernista.

Evidentemente, son muy libres de estar en desacuerdo con mi opinión, pero hay algo en lo que tendrán que darme la razón: *Sin perdón* dio libertad a Clint Eastwood. Como no podría ser de otro modo, continuaría ligado a las convenciones del cine de género, pero a partir de ese momento también gozaría de permiso, sobre todo en su fuero interno, para seguir sus aspiraciones con independencia de dónde le llevaran.

EN LA LÍNEA DE FUEGO 1993

En la película, Frank Horrigan se describe a sí mismo inscribiéndose en el grupo de «blancos heterosexuales de más de cincuenta que tocan el piano», que de un modo nada casual es una excelente descripción de Clint Eastwood en este período de su vida. La diferencia entre ellos es que Horrigan es un hombre atormentado, un agente secreto que se responsabiliza a sí mismo del asesinato de Kennedy en Dallas. Aunque esto último puede no ser del todo cierto, es lo que piensa Frank y eso es lo que cuenta.

En la línea de fuego, una película de entretenimiento casi perfecta, narra el duelo entre Horrigan y Mitch Leary (John Malkovich), un antiguo agente de la CIA desengañado (por no decir psicópata) que está decidido a asesinar al actual presidente para resolver sus asuntos pendientes contra el Gobierno. En el papel de chiflado, Malkovich ofrece una interpretación maravillosamente estremecedora, con un toque de humor negro, y Clint, que al leer el guión por primera vez comentó que «era casi como si lo hubiesen escrito para mí», construye un rival irónico y reservado. También se siente atraído por una compañera mucho más joven, Lilly Raines (Rene Russo), con la que pronto emprende una relación conflictiva pero sensual, un tono que no había adoptado en ninguno de sus papeles previos, donde sus relaciones sentimentales, relativamente escasas, eran más esquemáticas.

Clint andaba atascado en su bache cuando el guión de Jeff Maguire comenzó a circular, y en aquel punto *Sin perdón* no parecía más que un *western* del montón, un género que en cualquier caso estaba desfasado. Hollywood buscaba a un semental más joven para encarnar a Horrigan, sin tener presente que alguien así echaría al traste toda la historia de Kennedy que atormenta a Frank. Cuando por fin Clint tuvo noticia de este guión inteligente, algo más que una simple buena historia repleta de suspense y romance, comenzó a sentirse muy interesado por él. Veía a Frank como una especie de antagonista de Harry el sucio, un hombre comprometido con el autosacrificio y no tanto con la automotivación. Su principal deber es recibir un disparo en lugar del presidente (o cualquier VIP que esté bajo su protección), no disparar por cuenta propia. Esta circunstancia intrigaba a Clint: «Si alguien me dijera que tengo que saltar delante de alguien para que me disparen a mí en vez de a esa persona, le contestaría: "Me debe de haber tomado por otro". Esa mentalidad, la de ser capaz de recibir un balazo en lugar de otra persona a la que tal vez ni siquiera tienes en buena consideración, es muy difícil de comprender, pero a la vez resulta admirable».

PÁGINA ANTERIOR Clint en *En la línea de fuego*.
DERECHA Eastwood estaba satisfecho de interpretar a un personaje de su edad.

213

"Si alguien me dijera que tengo que saltar delante de alguien para que me disparen a mí en vez de a esa persona, le contestaría: 'Me debe de haber tomado por otro'. Esa mentalidad, la de ser capaz de recibir un balazo en lugar de otra persona a la que tal vez ni siquiera tienes en buena consideración, es muy difícil de comprender, pero a la vez resulta admirable."

Este misterioso rasgo de carácter es lo que proporciona a *En la línea de fuego* su mejor cualidad, la chispa que Clint siempre busca, al menos de modo inconsciente, en todos sus papeles. Se habló de que dirigiera la película él mismo, pero rechazó la oferta: por aquel entonces se había castigado demasiado doblando sus funciones en *Sin perdón*. Aunque no conocía a Wolfgang Petersen, le gustaba su obra, así que le encargaron la dirección. La película costó 40 millones de dólares y se situó como una de las más caras en las que Clint había participado, pero cuando se estrenó no lo parecía. Y es que el filme no adopta un ritmo frenético y no da la sensación de que nadie intente actuar en los dominios de lo imposible, como sucede tan a menudo en otras películas de acción. Sin sacrificar el suspense, se contenta con narrar una historia bastante íntima a la vez que nos muestra de un modo muy realista qué significa proteger al presidente de Estados Unidos, misión que nunca está exenta de peligro sobre todo cuando tiene que aparecer en público.

Dicho de otro modo, se trata de una cinta muy equilibrada y racional que fue recibida con alivio y entusiasmo tanto por la crítica como por el público. Supongo que, junto con *Sin perdón*, completó el «regreso» de Clint tras flirtear con el fracaso. Hasta entonces, la gente no había identificado sus encarnaciones más jóvenes con un actor y un director serio. A partir de este momento, quedó poca gente que no lo identificara con un maestro no tan viejo. Había pasado de ser un actor y director del cual el público esperaba muy poca cosa a transformarse en alguien que generaba grandes expectativas, una circunstancia que a veces causaba el efecto paradójico de limitar su propia libertad. En difinitiva, había adquirido la capacidad de «decepcionar» a la gente cuando le apeteciera relajarse y rodar alguna película pequeña de escasa repercusión.

PÁGINA ANTERIOR Un relajado Clint en pleno rodaje.
SUPERIOR John Malkovich en el papel de Leary, el ex agente que quiere asesinar al presidente. Su enfrentamiento con Eastwood es vibrante.

"Seguramente tendría que haber hecho el lanzamiento de otra manera, ¿quién sabe? Quizá no hubiera conseguido nada. Pero es una película de la que me siento orgulloso. Y creo que Kevin Costner hizo un papel brillante. Y el chaval, y todos los demás, estuvieron de miedo."

UN MUNDO PERFECTO 1993

El guión original de John Lee Hancock era propiedad de Warner Bros. y, una vez más, llegó a las manos de Clint como muestra. Evidentemente, consideró que contenía una buena historia para una película que se podía iniciar de inmediato. El estudio pensó: A ver, a ver... Es un papel descaradamente ideal para Kevin Costner, y a lo mejor podría incluso arañar una nominación al Oscar. Así pues, en abril de 1993, equipo y reparto se dirigieron a las afueras de Austin, Texas, para rodar *Un mundo perfecto*.

Clint y Costner no formaban una pareja natural. Al segundo le gusta trabajar despacio, dolorosamente despacio, según Clint, y durante el rodaje se palpaba cierta tensión entre ambos. Por otra parte, Clint ha acabado siendo del parecer que Costner realizó la mejor interpretación de su vida en la película en la que se aborda un tema tan apreciado por él: la creación y, en este caso, el violento hundimiento de una familia adoptiva. Butch Haynes, el personaje de Costner, es un delincuente ocasionalmente violento que huye de una prisión de Texas en 1963 y pronto toma como rehén a un niño de siete años llamado Phillip Perry, interpretado con una adorable sobriedad por T. J. Lowther. Se trata del hijo de una madre soltera que además es una fanática religiosa, lo cual implica para Phillip que, entre otras cosas, no puede ir a buscar caramelos en Halloween, no puede ir a la feria del condado y no puede disfrutar de ninguna de las diversiones propias de los niños de su edad. Butch se identifica con las privaciones del chico porque su propio padre era un monstruo que le privaba de disfrutar de placeres similares. Así pues, ambos viajan por carreteras secundarias zampando comida rápida y engullendo coca-colas, y Phillip lleva un disfraz de Halloween (de Casper, el fantasma) que ha afanado de una tienda y disfruta, en cuestión de días, de todos los placeres de la niñez que antes le estaban vetados.

Con el caso, el estado entero se ha convertido en un auténtico hervidero. El niño tiene que estar en peligro (de muerte, de sufrir abusos, de cualquier cosa), pero Red Garnett, el policía de Texas a cargo de la persecución no está tan seguro de ello (Clint no quería el papel, pero Costner lo convenció): conoció a Butch cuando no era mucho mayor que Phillip y cree que, si es un delincuente, no es sólo por culpa de su padre violento, sino por la ineptitud de los servicios sociales del estado y del sistema judicial en su conjunto. Al volante de un tráiler (o «unidad móvil de investigación»), es la viva estampa de la paciencia de los buenos hombres a la antigua. Bebe Geritol y expresa lo mucho que le gustan los Tater Tots mientras sus superiores piden a gritos la cabeza de Butch.

A lo largo de toda la película, sospechamos que la historia no puede terminar bien. Como sucede en tantos filmes de Eastwood, estas vidas parecen predestinadas, condenadas. La crisis llega cuando buscan refugio junto

PÁGINA ANTERIOR Kevin Costner y T. J. Lowther.
SUPERIOR, IZQUIERDA Y DERECHA La relación profesional con Costner era en ocasiones tensa, pero sigue estando orgulloso del resultado.

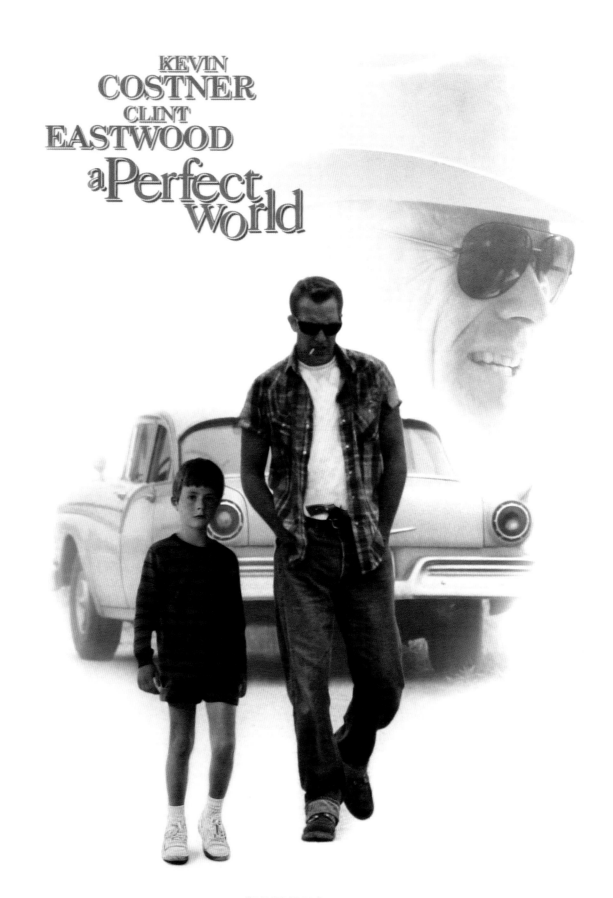

KEVIN
COSTNER
CLINT
EASTWOOD
a Perfect
World

WARNER BROS. Presents

A MALPASO Production KEVIN COSTNER CLINT EASTWOOD LAURA DERN "A PERFECT WORLD" Music by LENNIE NIEHAUS
Film Editor JOEL COX Production designed by HENRY BUMSTEAD Director of photography JACK N. GREEN Written by JOHN LEE HANCOCK
DOLBY STEREO Produced by MARK JOHNSON and DAVID VALDES Directed by CLINT EASTWOOD

a una familia de granjeros negros, gente agradable pero con un defecto fatal: el padre, de actitud amable, resulta ser excesivamente duro con su hijo, como el padre de Butch. Butch está a punto de matar al hombre y Phillip, aterrorizado, termina disparándole en el estómago. Salen entonces a campo abierto y terminan rodeados por las fuerzas del orden, armadas con una desproporcionada fuerza de fuego. Red se acerca desarmado a Butch para hablar con él y un francotirador del FBI demasiado tenso malinterpreta un gesto inocente de éste y lo mata.

No es una historia trágica en el sentido canónico del término, sino que es más bien un relato profundamente triste acerca de las motivaciones y los actos mal entendidos. Se trata sin lugar a dudas de una de las mejores películas de Clint y los críticos no la infravaloraron; de hecho, fue recibida con algunas de las mejores críticas jamás dispensadas a una película de Eastwood. Sin embargo, no se gestionó bien su estreno, que se llevó a cabo durante la temporada de Navidad, en parte porque el estudio quería evitar una competencia abierta con una película de Costner todavía más arriesgada, *Wyatt Earp*, y en parte porque habían tenido buena suerte con el lanzamiento a principio de invierno de *El guardaespaldas*, también de Costner. «Gastan millones en estudios de mercado y al final la estrenan basándose en supersticiones», gruñó Clint por aquel entonces. Un par de críticos derechistas adujeron una razón de lo más ingenua para el fracaso de la película: consideraban que Clint había vendido lo que ellos habían interpretado erróneamente como unos principios conservadores para adoptar una nueva identidad como un cobardica izquierdoso. ¿Qué les parece? En cuestión de tres décadas, había pasado de ser un criptofascista a transformarse en un elitista liberal. Un poco de seriedad, por favor...

Por supuesto, Clint no se lamenta del filme: «Simplemente a escala nacional no tuvo la fuerza que podría, o debería, haber tenido. Sin embargo, hace tiempo que he dejado de querer hacer películas preocupándome sobre qué va a ser de ellas o qué quiere el público. Prefiero pasármelo bien y tener libertad para expresar aquello que tengo en mente. A escala internacional tuvo muy buenos resultados, como en Francia o Italia». Ciertamente, ésta es una de las paradojas de la carrera de este cineasta tan norteamericano: igual que Howard Hawks, Raoul Walsh y muchos de sus predecesores, el «vaquero yanqui» llamó antes la atención en tierras lejanas que en la propia.

PÁGINA ANTERIOR El desorientador cartel de Warner Bros.
SUPERIOR, IZQUERDA Y DERECHA Víctima de una promoción mal llevada, *Un mundo perfecto* obtuvo cierto éxito en su estreno y, de hecho, sigue teniéndose por una buena película.

219

LOS PUENTES DE MADISON 1995

Sin lugar a dudas, el libro era malo, un romance inane y almibarado pensado y escrito de modo primitivo. Pese a ello, la novela de Robert James sobre el breve encuentro entre un fotógrafo nómada y la esposa de un granjero sumida en el aburrimiento más absoluto se ganó el favor popular. Inexplicablemente, se vendieron varios millones de ejemplares y Steven Spielberg compró los derechos para hacer una película, si bien tras no pocas dudas y ciertos problemas con el guión decidió no dirigirla. No se sabe qué le llevó a pensar que Clint era el hombre más indicado para asumir el proyecto, pero debemos recordar que ambos cineastas tienen un olfato muy desarrollado para detectar los gustos del gran público.

Cuando un libro o una película obtienen una popularidad inmensa y aparentemente inexplicable, siempre se puede encontrar en ellos, si se busca bien, una pizca de verdad, la realidad más allá de la convención en que se cimienta su éxito. En este caso, podemos suponer que en Estados Unidos hay más amas de casa inquietas de lo que nadie imagina, y que *Los puentes de Madison* representa para ellas uno de los placeres prohibidos más inmensos de la historia de la literatura (mejor dicho, subliteratura).

La obra necesitaba algo de trabajo previo. Concretamente, Clint opinaba que Francesca Johnson, la novia de guerra italiana trasladada a las profundidades de Iowa, tenía que ser un personaje menos pasivo que en el libro, y que se le debía conceder la oportunidad que necesitaba para expresar sus necesidades acalladas durante tanto tiempo. También debía interpretarla una actriz capaz de dotarla de una complejidad fiera, humorística y arrebatadora. Pensó de inmediato en Meryl Streep, sin lugar a dudas la estrella de cine con un arco emocional más amplio de toda su generación. Pero por desgracia se había formado su propia opinión sobre el libro y, literalmente, había tirado a la basura un ejemplar tras leer unas pocas páginas.

Clint habló con ella por teléfono, le rogó que leyera el guión que quería mandarle y en cuestión de pocos días se sumó al proyecto. Un par de meses más tarde ya se encontraban en el condado de Madison, cuya capital, Winterset, era la ciudad natal de John Wayne, una ironía que Clint no pasó por alto (es difícil imaginar al duro de Wayne interpretando a un solitario pasmado como Robert Kincaid bailando por la cocina con Francesca Johnson).

El rodaje se transformó en una especie de festival del amor. Tal vez no hemos insistido bastante en la cantidad de actores realmente excelentes (de Geraldine Page a Sean Penn) que han compartido pantalla con Clint o han

DERECHA Meryl Streep se compenetró de maravilla con Eastwood.
PÁGINA SIGUIENTE *Los puentes de Madison*, otro cambio de rumbo con éxito.

sido dirigidos por él a lo largo de los años. Sin duda suponen todo un reto para él en tanto que su formación como actor, al tiempo que a su vez el minimalismo que tanto le caracteriza les recuerda a ellos que una buena interpretación en pantalla implica que no debe parecer en absoluto que están actuando. En los rodajes de Clint se suele establecer una relación de admiración mutua. Y eso es precisamente lo que sucedió en el condado de Madison a principios del verano de 1994.

A menudo se describe a Streep como una actriz «técnica», algo demasiado calculadora en sus gestos, lo que tal vez era cierto en su juventud, pero ya no es así. Es de naturaleza alegre, sonriente e incluso juvenil y, en los últimos años, ha permitido que se note cada vez más esta vertiente de ella. En ese sentido, el método de trabajo instintivo de Clint permitió que sus mejo-

res momentos «parecieran espontáneos en lugar de preparados y servidos a la cámara».

Creo que la naturalidad que Streep y Eastwood lograron dar a su interpretación, una mezcla de comodidad y pasión, contribuyó al menos tanto como el reequilibrio que imprimió al guión Richard LaGravenese. Además, Streep acabó convencida de que la película no se basaba tanto en las recompensas, sexuales y de otro tipo, que recibía una mujer madura tras largos años de padecimientos, como en «el arrepentimiento. Y las oportunidades perdidas. Y cómo las cosas nos llegan en el momento equivocado». Creo que tiene razón, y que ése es el motivo por el que la primera película puramente romántica de Clint funciona mucho mejor de lo que nadie podía imaginar, ni tan siquiera el propio autor de la mediocre novela en que se basa.

« Mientras rodaba *Los puentes de Madison*, me dije: 'Este rollo romántico es durísimo'. Estoy impaciente por empezar a rodar y cortar. »

SUPERIOR Un atípico Clint cariñoso con la coprotagonista, Meryl Streep.
PÁGINA SIGUIENTE Clint dirige su bucólico romance.

"Mucha de la gente con la que he trabajado ha experimentado la soledad por una razón u otra, porque la habían escogido o por los dictados del destino. Como en *Los puentes de Madison*. Él es un solitario, y ésa es la clase de personaje que busco. Supongo que me identifico con ese tipo de gente. Generalmente, cuando estoy delante de un guión, quiero que el personaje esté preocupado por algo."

PODER ABSOLUTO 1997

A finales de la década de 1990 y principios de la de 2000, Clint regresó en gran medida al cine de género. Tres de las cinco películas que hizo en ese período fueron dramas criminales (una cuarta fue una historia bienintencionada sobre un vuelo espacial y espionaje y una quinta, una adaptación fallida de un bestseller de no ficción). Sin embargo, existía una clara diferencia entre sus obras de género de por aquel entonces y películas como *El Cadillac rosa* o *El principiante*. Por una parte, todos los filmes sobre crímenes se basaban en novelas de grandes expertos en el *thriller*. Por otra, todas tenían un menor aire de ser el resultado de la improvisación; las situaciones que exploraban presentaban un alto nivel de originalidad, estaban bien escritas y la producción era de primera clase.

Todo esto es aplicable sin duda alguna a la primera película de esta serie: *Poder absoluto.* Presentaba un reparto de lujo (Gene Hackman, Ed Harris, Laura Linney, Judy Davis), tenía un punto de partida muy potente y ofrecía a Clint un papel que le permitía tocar muchos de los conceptos que le gustaba interpretar. En la cinta es Luther Whitney, un ladrón de joyas de primera fila que simula estar retirado y pasa buena parte de su tiempo dibujando bocetos en los museos de Washington. Tal vez es un típico solitario de

Eastwood, pero lo cierto es que no está en absoluto retirado, pues está planeado un robo tan meticuloso como sus dibujos. Para ello debe acceder a una cámara acorazada situada junto al dormitorio de un poderoso corredor de bolsa ya mayor (E. G. Marshall). Mientras está recogiendo dinero y joyas, la joven esposa del hombre y su amante entran borrachos en el dormitorio (Luther los puede observar por un espejo unidireccional) con la intención de hacer el amor. La situación pronto se complica, pues la mujer se

IZQUIERDA Y DERECHA Eastwood en el «papel» de director y Gene Hackman, en el del presidente asesino, en *Poder absoluto.*
PÁGINA SIGUIENTE Eastwood interpreta al experto ladrón Luther Whitney.

resiste a ciertas prácticas y el jaleo atrae a dos hombres armados que abren fuego contra ella y provocan que su agresor, herido por la mujer desesperada, se retire hacia la cama, lloriqueando. Los pistoleros son agentes secretos y el amante de tendencias sádicas resulta ser, en efecto, el presidente de Estados Unidos, interpretado por Hackman con su típica mezcla de actitud amenazadora y falsa piedad. Alguien ve a Luther huyendo de la casa y, aunque no lo identifican, le declaran, por decirlo finamente, «una persona de interés» (y una grave molestia) para muchos, en su mayoría representantes del «poder absoluto» del Gobierno, que imponee su voluntad a las personas comunes (el policía que se muestra más solidario con Luther es el detective local que interpreta Ed Harris).

Cada uno puede pensar lo que quiera acerca de esta línea argumental, pero creo que lo que más atrajo a Clint de este proyecto fue la habilidad de Luther como maestro del disfraz. Y es que le encantan los papeles camaleónicos, incluso fantasmales. Este punto queda bien patente en su relación con su hija pródiga (Linney), que ejerce de abogada. Ella cree que él la ha abandonado, y sólo cuando entra en su modesto hogar se da cuenta de que su padre ha asistido a todos los eventos significativos de su vida, obviamente, disfrazado, para tomar fotografías: graduaciones, obras de teatro en la escuela, su primera aparición en un juzgado... Aquí la película aborda otro tema favorito de Clint, la familia en apuros que necesita recomponer sus relaciones.

Es evidente que la novela de David Baldacci pretendía hacer referencia de manera indirecta al asunto de Bill Clinton y Monica Lewinski, pero no queda enfatizado en el más que correcto guión de William Goldman, para quien este presidente de Estados Unidos es simplemente un ser detestable. En la película, el énfasis recae en el suspense, elaborado con complejidad, y que conduce a un impecable desenlace. Este filme de montaje complicado y estilo oscuro y elegante es una obra de entretenimiento extraordinaria y ofrece a Clint un papel que rezuma dinamismo, ironía y una confianza reconfortante. En aquella época tenía sesenta y siete años y, sin negar este hecho, ofreció a la gente mayor la esperanza de seguir siendo importante. Lo único que necesitaba era hacer más ejercicio y tal vez algunos crucigramas más para mantener la mente despierta.

SUPERIOR Eastwood con Ed Harris.
PÁGINA SIGUIENTE Un impresionante blanco y negro de *Poder asbsoluto*.

"De *Poder absoluto* me gustó
el truco del libro: el personaje
está fuera de la ley y no puede
ir a la policía tras presenciar una
situación en la que está implicado
un alto cargo del Gobierno."

MEDIANOCHE EN EL JARDÍN DEL BIEN Y DEL MAL 1997

El libro de Jon Berendt, basado en hechos reales, se convirtió en uno de los bestsellers más misteriosos de los últimos tiempos. Trata de la vida de Jim Williams (Kevin Spacey), un marchante de antigüedades afeminado que vive la buena vida en Savannah, Georgia, y a quien acusan de asesinar a su amante, de un estrato social más bajo (Jude Law).

Es un personaje agradable y tramposo (sin duda el antagonista de Clint), y son las ambigüedades de su naturaleza las que llevaron a este último a emprender el proyecto. Berendt, que en la película se llama Kelso (John Cusack), mantiene una relación amorosa (Alison Eastwood) y pasó unos cinco años en Savannah, empapándose de su atmósfera, que es precisamente la mejor parte de su libro, pero también la más difícil de reflejar en un filme que tiene toques góticos y exóticos, pero ni rastro de suspense. Este factor puede resultar muy difícil para Clint, que se siente como pez en el agua en historias con una línea narrativa enérgica. El hecho de que esta película se alejara tanto del camino que tiene más trillado fue otra de las cosas que le sedujeron.

PÁGINA ANTERIOR John Cusack interpretó el papel del escritor John Berendt. INFERIOR Kevin Spacey es el marchante de antigüedades Jim Williams, aquí con el director Clint Eastwood.

La ambición es algo positivo. También lo es el intento de abrir nuevos caminos, sobre todo cuando se espera que un cineasta de cierta edad se contente con seguir uno más que previsible. Sin duda, esta búsqueda de nuevos enfoques y nuevos temas iba a proporcionar grandes dividendos a Clint. Pero no en este caso.

Medianoche es la película más lánguida que Clint haya filmado jamás, y carece de la vivacidad que aporta el intento de probar cosas nuevas presente incluso en sus filmes de género menos ambiciosos. La mayor parte del tiempo parece una cinta consciente pero dispersa, y ninguno de sus personajes llega a cobrar vida. No parecen crecer de manera natural en el escenario de Savannah, sino que más bien parecen estar pegados en él. Al comentar la película, Roger Ebert reflexionó que el realismo inherente a la realización de los filmes, su tendencia natural a lo cotidiano, hería de muerte a este título. Según él, Berendt dejaba mucha libertad a la imaginación del lector. Es posible que tenga algo de razón, pero no estoy seguro de que valga la pena explorar este concepto salvo desde un punto de vista teórico. En mi opinión, se trata simplemente de un disparo fallido, algo a lo que evidentemente tenía derecho el director.

> **"Me gustaba el ambiente de Savannah. El personaje principal, el periodista, nos hace emprender un viaje con él. Es una población con una historia tremenda y una estructura social interesante."**

SUPERIOR Clint reunió a un rico grupo de personajes en su tercera película como director, pero resultó ser el filme más lánguido de su carrera.

ÁGINA ANTERIOR Chablis Deveau entretiene. SUPERIOR Irma P. Hall (*centro*) con John Cusack (*izquierda*)
Kevin Spacey (*derecha*). INFERIOR Kevin Spacey, marchante de antigüedades (*izquierda*),
rma P. Hall como Minerva (*centro*) y Jude Law en el papel de amante de clase baja (*derecha*)

EJECUCIÓN INMINENTE 1999

Steve Everett es un borracho mujeriego y hosco con sus jefes. En resumen, es un típico personaje que salta (y al que hacen saltar) de un empleo a otro. La característica que lo redime es su «olfato», que constantemente sigue el rastro de cualquier prueba que apunte a corrupción o cualquier otro tipo de delitos. Cuando lo conocemos, trabaja para el viejo periódico de su ciudad natal, el *Tribune* de Oakland, donde entre otras actividades mantiene un romance con la esposa del director jefe. Una mañana le asignan un encargo rutinario, una crónica con trasfondo humano sobre el último día de un reo que está condenado a morir por inyección letal a media noche en San Quintín, al otro lado de la bahía.

PÁGINA ANTERIOR Eastwood en el papel del periodista Steve Everett.
SUPERIOR Isaiah Washington interpreta a Frank Beechum, un inocente condenado a muerte.

Mientras comprueba los informes antes de ir a entrevistar a Fred Beechum (Isaiah Washington), el olfato de Steve se pone en acción. Algo huele mal en este caso, en el que condenaron a Beechum por un asesinato en una tienda de alimentación. Tras conocer al reo, inmediatamente comenzamos a compartir las sospechas de Steve. Resulta evidente que se trata de un hombre honrado con una esposa compasiva (Lisa Gay Hamilton) y una hija encantadora. El personal de la cárcel está claramente de su lado (lo ponen todo patas arriba para encontrar el lápiz de color verde que su hija necesita para acabar el dibujo que va a ser el último regalo que le haga) y pronto Steve se ve inmerso en una carrera frenética en busca de pruebas exculpatorias.

Esta carrera para rescatar a alguien es casi tan antigua como el mismo cine (algo muy similar ocurre en la mejor de las diversas historias incluidas en *Intolerancia*, de D. W. Griffith, que data del 1916). Está muy bien elaborada y proporciona el eje dramático en torno al que gira la película, pero lo que le da auténtico porte es el retrato de la familia desesperada. Washington interpreta al condenado con gran serenidad a medida que sus esperanzas de que lo absuelvan se desvanecen una tras otra. Su principal preocupación consiste en hacer que su último día sea tan normal como sea posible para su hija, que, aunque sabe lo que está sucediendo, sigue el juego a su padre desesperadamente. Su mujer también hace todo lo que puede para proteger a la pequeña, pero su lamento desconsolado cuando se lo llevan por última vez de la sala de visitas es, en mi opinión, uno de los momentos más desgarradores de toda la filmografía de Clint.

¿Hace falta decirlo? Ésta es la familia eastwoodiana más necesitada de una intervención heroica. La naturaleza misma de la película (buena parte de cuyo metraje se rodó en una cárcel) nos obliga a establecer una relación íntima con ellos y a solidarizarnos de un modo no menos intenso. En cuanto a Clint, su interpretación del periodista atribulado es magnífica, cómico, disoluto y sólo heroico a regañadientes cuando, al final, corre a toda velocidad por la noche en su coche decrépito llevando a un testigo y las pruebas materiales que han de valer el perdón del gobernador antes de que tenga lugar la ejecución. En cualquier caso, no obtiene una gran recompensa por tantos dolores de cabeza: su mujer continúa decidida a divorciarse de él, por más que quiera a la hija que tienen en común (recreada de forma adorable por Francesca, una de las hijas de Clint), y además pierde el empleo. La última vez que lo vemos es nochebuena, y sale de una juguetería con un regalo para su hija, evidentemente después de haber intentado ligar con la dependienta. Al otro lado de la plaza ve a la feliz familia Beechum, enfrascada en sus cosas. Ellos también le ven y se intercambian un tímido saludo con la mano. Pero esas personas en realidad no tienen nada en común, salvo lo propio de un encuentro fortuito. «No va a ir de acampada con ellos», apunta Clint refiriéndose a su personaje. Tampoco parece que Steve Everett vaya a reformarse. Es el final perfecto para lo que es, a su manera, una película perfecta, el tipo de filme que todo el mundo trata como un producto rutinario, como si el talento mostrado en su realización fuese algo habitual, como si el modo en que contiene las emociones en lugar de elevarlas a niveles frenéticos fuera algo corriente.

IZQUIERDA Eastwood dirige *Ejecución inminente*.
PÁGINA SIGUIENTE Clint en el papel de marido y padre profundamente disfuncional (con Diane Venora y su hija en la vida real, Francesca Fisher-Eastwood) en un extraño momento de armonía familiar.

SPACE COWBOYS 2000

Esta cinta es lo que en Hollywood se conoce como una comedia «geezer», en que un par de viejas glorias se reúnen para llevar a cabo alguna misión nada creíble y antes de que termine la película dan un par de lecciones a los jóvenes que se reían de ellos: aunque puede que sean un poco más lentos que en sus buenos tiempos, todavía conservan intacta la cabeza y cuentan con la sabiduría acumulada en sus años de vida para salir de cualquier apuro.

Eso es precisamente lo que ocurre en *Space Cowboys*, una más que agradable comedia de acción. El punto de partida es que un satélite de comunicaciones que la NASA lanzó el espacio hace varias décadas necesita reparaciones y un viejo cuervo de la institución, Bob Gerson (James Cromwell), cree que su diseñador jefe, Frank Corvin (Clint), es el hombre más indicado para ocuparse de ello. Éste, a su vez, siente un pequeño rencor porque no llegó a entrar en el espacio exterior ya que lo reemplazaron por un mono. Acepta la misión siempre y cuando pueda reunir a su viejo equipo de amigos: el temperamental piloto Hawk Hawkins (Tommy Lee Jones), el astrofísico sabelotodo Jerry O'Neil (Donald Sutherland) y el ingeniero Tank Sullivan (James Garner), que se ha ganado la vida como predicador en los últimos años. Hay algo de comedia de ancianos mientras se ponen en forma para llevar a cabo la misión y grandes dosis de acción cuando se dan cuenta de que la estación, construida en colaboración con los rusos, ha de albergar toda una serie de armas atómicas que el detestable Gerson lleva largo tiempo intentando instalar. El problema más humano del filme es que a Hawk le han diagnosticado un cáncer terminal. Al final, si quieren completar con éxito la misión, él debe sacrificarse dirigiéndose a la Luna para encontrar una muerte solitaria. Los sentimientos ligados a este dramático desenlace se gestionan al estilo tan típicamente subestimado de Eastwood, y la película incluye uno de esos regresos inciertos a la atmósfera terrestre que aparecen *de rigeur* en los filmes sobre el espacio para acabar con un fantástico ajuste de cuentas.

A Clint le encantó trabajar con estos actores, con los que ya había colaborado anterioriormente con alguno de ellos; incluso declaró a un periodista que si cualquiera de ellos hubiese rechazado el papel, lo más probable es que no hubiera rodado la película, que transcurre al agradable ritmo cómodo y jovial típico de Clint cuando está de buenas. La cinta fue bien recibida y tuvo un buen comportamiento en taquilla (justo antes del estreno, la NASA puso en órbita al septuagenario John Glenn, algo que no sólo dio buena publicidad a la película, sino que también la dotó de mayor veracidad). Si mis comentarios sobre esta cinta no parecen especialmente afectuosos es por culpa mía, no de ella. Nunca me han emocionado especialmente las odiseas espaciales. Tal vez sea por la ausencia de gravedad o por el frío, o por todos los aparatos de alta tecnología que parpadean frente a la cámara. Tal vez sea que simplemente soy un terráqueo sin remisión. En cualquier caso, la enhorabuena a Clint por superar lo que podría ser un prejuicio generacional y hacer una película tan humana y genial sobre astronautas.

PÁGINA ANTERIOR Cuatro vejetes en *Space Cowboys*.
DERECHA Tommy Lee Jones en el papel del piloto Hawk Hawkins.
DOBLE PÁGINA SIGUIENTE Con *Space Cowboys* Eastwood se impuso el reto de superar la fobia a la vejez de Hollywood, y el resultado se convirtió en un filme agradable y simpático sobre las segundas oportunidades.

"Te haces un poco mayor y quieren que hagas papeles de personajes veinte años más jóvenes. Es ridículo. Quieren que hagas de cuarentón. Y tú ya no quieres seguir haciendo de cuarentón."

DEUDA DE SANGRE 2002

Mientras persigue a un asesino en serie, el agente del FBI Terry McCaleb sufre un grave ataque al corazón. Necesita un transplante para salvar la vida y ello exige que se retire del servicio. Cuando lo conocemos, lleva una vida reposada (y se mueve con gran inseguridad) en su barco, amarrado en el puerto de Los Ángeles. En este momento Gracella Rivers (Wanda De Jesus) se pone en contacto con él: su hermana ha sido asesinada y no han capturado al asesino. Espera que él la ayude en el caso, pero la respuesta de Terry es un «No, gracias». Entonces ella le confiesa que el corazón de su desdichada hermana es el que le mantiene vivo. Evidentemente, eso lo cambia todo y, una vez más, Clint intenta ayudar a una familia destrozada por circunstancias trágicas.

Deuda de sangre, basada en una novela del célebre Michael Connelly, cuenta con la que quizás sea la mejor premisa (o truco argumental, si lo prefieren) de todas las películas de Eastwood. Y su implicación a la hora de identificar y perseguir al asesino obliga a Terry a moverse de un modo que pone en peligro su propia vida. En este caso se ve amenazado tanto interna como externamente y pronto se ve involucrado desde un punto de vista emocional con Gracella y con el hijo de su hermana, de quien ella es tutora legal.

Se recomienda al espectador que no se pierda al amigo de Clint, Jasper («Buddy») Noone, un rico gandul que vive en un barco cercano. Lo interpreta Jeff Daniels en el tono bonachón que tan bien domina, aunque llegamos a sospechar que tal vez tenga un lado más oscuro. Terry cuenta con aliados (una detective con quien tal vez tuvo algún asunto sentimental y un cirujano cardiólogo eternamente preocupado) y con enemigos, entre los que destacan un par de policías locales que defienden su terreno. También le toca correr una y otra vez, lo que en ocasiones le deja sin aliento, una situación que se nos contagia de tanto verle hacer ejercicio.

No cabe duda de que *Deuda de sangre* es un filme menor, pero también es una gran fuente de entretenimiento, gracias en buena parte al concepto único que impulsa su trama. Y también al deseo de Clint no sólo de interpretar a un hombre de su edad, sino también a su férrea voluntad de interpretar a un hombre gravemente enfermo. Vivimos en una época de milagros en el ámbito de la medicina, pero no hay muchas películas dispuestas a mostrarnos a hombres mayores tratando de salir del quirófano y no pasar el resto de su vida tomando ingentes cantidades de medicamentos mientras aguardan junto al lecho de muerte. De acuerdo, para los personajes de Clint la normalidad suele ser más aventurera que para la mayoría de los hombres, pero es divertido verle dar ejemplo a los ancianos enfermos. En aquella época comentó que no habría bastante betún en el mundo para ocultar sus canas ni lija suficiente para alisarle las arrugas, pero en realidad eso no es lo principal. En este caso, lo que pretende es ser el modelo de persona mayor activa, y lo logra mediante la ironía y un *élan* arrebatador.

PÁGINA ANTERIOR Impresionante imaginería para el cartel de *Deuda de sangre*.
DERECHA Clint orquesta la acción.
DOBLE PÁGINA SIGUIENTE Recién recuperado de un transplante de corazón, el agente Ferry McCaleb se convierte en el héroe más vulnerable de Clint.

"Me gusta especialmente la vulnerabilidad, tanto física como psicológica, de McCaleb."

MYSTIC RIVER 2003

Tres muchachos haraganean en la calle. Se les acerca un hombre que se hace pasar por policía, secuestra a uno de ellos y lo somete a crueles abusos sexuales junto a su cómplice. El muchacho logra escapar, pero convertido ya para siempre en una persona destrozada.

La siguiente vez que vemos a Dave (ahora interpretado por Tim Robbins) es un hombre blando e inarticulado que ama con locura a su hijo y de un modo protector, pero lleva una vida triste y trivial. Los amigos que estaban con él en aquel ya lejano día están interpretados por Sean Penn en el papel de Jimmy, un antiguo delincuente reformado que dirige un colmado en el mismo barrio obrero en el que se criaron, y Kevin Bacon en el papel de Sean, un detective de la policía cuyo matrimonio se ha ido a pique misteriosamente. Cuando la hija de Jimmy es asesinada sin sentido alguno, éste enloquece de ira (probablemente se trate de la interpretación más vehemente furiosa de Penn) y poco a poco se va convenciendo de que Dave es el asesino, una opinión que no comparte Sean, el principal investigador del caso.

Clint se enamoró de *Mystic River* en el mismo instante en que leyó la novela de Dennis Lehane, por motivos obvios. Aquí aparecen tres familias en apuros (cuyas vidas se exponen para que podamos verlas), afectadas por unas circunstancias motivadas por el destino. La acción también se enmarca en un entorno urbano que Clint no había explorado con anterioridad. Además, la historia no termina de forma clásica (el hombre equivocado es castigado por el crimen). También ofrecía papeles que resultaban atractivos para todo tipo de actores maravillosos. La gente le llamaba para ofrecerse para un papel. Cuando Clint preguntaba: «¿A quién te gustaría interpretar?», la respuesta que recibía era: «Bueno, a cualquiera de ellos». Brian Helgeland hizo una adaptación en un tiempo récord y, aunque sin duda Clint se enfrentaba a la trama narrativa más compleja de toda su filmografía, el rodaje fue uno de los más fáciles de su vida, pero sólo porque la película estaba impecablemente concebida.

Incluso había una motivación extra para él: en los últimos años había comenzado a aportar temas musicales y canciones a sus cintas (con la orquestación de su leal Lennie Niehaus). La banda sonora de *Mystic River* iba a ser completamente suya y, para gozo de Clint, la iba a interpretar la Boston Sym-

PÁGINA ANTERIOR Tim Robbins y Sean Penn encabezan el impresionante reparto de *Mystic River*.

245

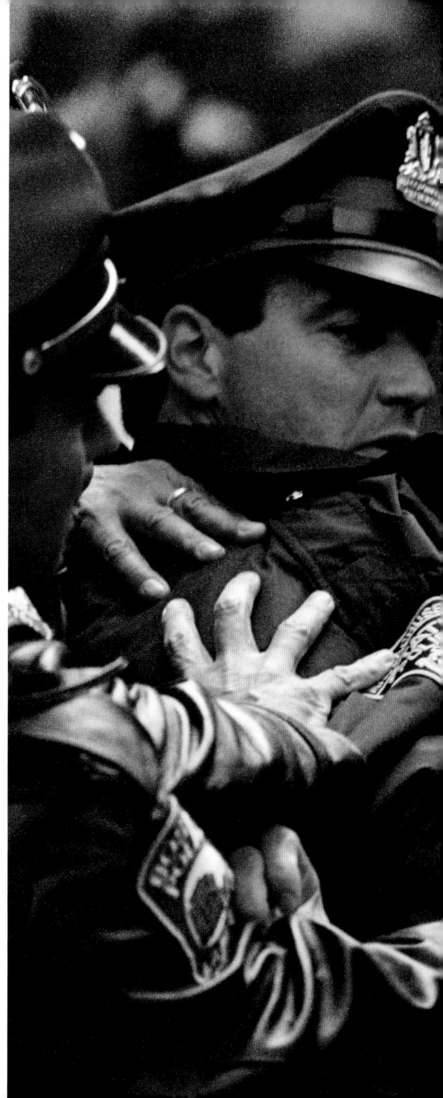

phony Orchestra. Musicalmente hablando, al menos para mis oídos, la música de Clint siempre tiene un punto nostálgico, algo que apunta a un deseo de que el final sea más feliz que el que a veces se nos presenta.

Sea como fuere, la película fue recibida con la debida seriedad por la crítica y el público, y a su debido tiempo Penn y Robbins recibieron sendos premios de la Academia por sus interpretaciones. Por desgracia, Clint y el filme tropezaron con la apisonadora de *El señor de los anillos,* la tercera entrega de la trilogía de Peter Jackson (subtitulada *El retorno del rey*), y las dos primeras entregas no habían sido debidamente recompensadas por la Academia, aunque todas ellas (caras, tremendamente populares y con unas recaudaciones descomunales) representaban el tipo de obra que a la Academia moderna tanto le gusta honrar. Ésta era la última oportunidad de hacerlo y la película acaparó once Oscar. Cabe imaginar que la trilogía continuará mereciendo el afecto nostálgico del público de masas durante toda la eternidad, pero cabe imaginar también que *Mystic River* continuará seduciendo a las personas a las que no les atraigan las fantasías espectaculares durante un período similar. Se trata de un filme exigente que desemboca en un final que resulta duro de aceptar pero veraz respecto a lo que es la vida tal y como la experimentamos muchos de nosotros. Otra manera de expresarlo es decir que es una compleja obra de arte que recompensa con creces la atención que exige del espectador.

IZQUIERDA Clint supo que quería hacer una película de *Mystic River* nada más leer la novela de Dennos Lehane.
PÁGINA SIGUIENTE Sean Penn en *Mystic River.*

"Siempre me ha fascinado lo relacionado con el robo de la inocencia. Es el crimen más horrible, sin duda un pecado capital, en el caso de que existan. Todo lo relacionado con los delitos contra los niños es algo que me parece muy duro. Eso fue precisamente lo que me atrajo de la historia: el hecho de que todo retorna en la edad adulta y siguen sucediendo cosas por todas partes. Me gustó la historia y pensé que tenía que hacerla."

SUPERIOR Un reparto consistente que resultó en todo un aplauso de la crítica, además de un Oscar para Sean Penn y otro para Tim Robbins.

249

MILLION DOLLAR BABY 2004

Se trata de un relato que forma parte de la obra *Rope Burns*, de Jerry Boyd, que escribe bajo el seudónimo F. X. Toole. Las historias, básicamente sobre el boxeo, apestaban a autenticidad dado que Boyd había trabajado buena parte de su vida en ese mundo. Naturalmente, este hecho atrajo a Clint, como también le sedujo que quien le sugiriera el libro fuera Paul Haggis, que apenas comenzaba la gran serie de guiones que iba a escribir (y a veces dirigir) a lo largo de la primera década del nuevo siglo.

A Clint también le gustó el tema de la historia de Boyd, la relación improbable entre un viejo entrenador curtido que dirige un destartalado gimnasio (Frankie Dunn, el personaje de Clint) y una boxeadora atormentada, Maggie Fitzgerald (Hilary Swank), ambos personajes basados en personas con las que Boyd había trabajado a lo largo de su vida.

A Clint le pareció un bombazo. Era una propuesta de bajo presupuesto (unos 30 millones de dólares) y el tipo de película a pequeña escala y emocionalmente intensa que tan bien se le había dado a lo largo de los años. Sin embargo, por motivos desconocidos y equivocados, la dirección novata de Warner Bros. (Barry Meyers y Alan Horn sucedieron a Bob Daley y Terry Semel en 1999) había apoyado con desgana *Mystic River*, una decisión que les había costado una importante cantidad de dinero. Volvían a estar indecisos. Su razonamiento era algo como: «Bueno... Eh... Las películas de boxeo no funcionan muy bien». Pese a ello, Clint insistió aduciendo que el boxeo sólo era el contexto. En realidad, la historia trata sobre un hombre separado de su hija que encuentra una hija adoptiva en la que verter el afecto acumulado que lleva dentro, una mujer también ella alejada de su familia, que vive en una caravana, y que, aunque es demasiado mayor para el deporte profesional, no tiene nada mejor que hacer y encuentra a un padre adoptivo en Frankie.

La respuesta del estudio fue una vez más vaga y sólo se decidieron cuando Clint encontró otra entidad que aportó la mitad del presupuesto. En este caso, el arte

PÁGINA SIGUIENTE Hillary Swank pelea en *Million Dollar Baby*.

limitaba a la vida. Maggie era tan persistente para lograr que Frankie la entrenara como Clint lo fue tratando de que dieran luz verde a la película. Bajo la mirada del paciente «Scrap-Iron» Dupris, interpretado por Morgan Freeman y narrador de la película, la improbable pareja prospera hasta que una adversaria malvada propina un golpe ilegal a Maggie y la deja en coma permanente. Al final, a Frankie no le queda más remedio que aplicarle la eutanasia.

Por supuesto, este punto tocó una de esas controversias casquivanas que resultan una característica tan agotadora de la vida pública norteamericana de hoy en día. Los moralistas siempre encontrarán palmeros, y los mejor colocados se harán con columnas o aparecerán en la televisión por cable, pero en los Estados Unidos del sentido común (los Estados Unidos que Clint ha representado desde el principio de su carrera) es casi imposible encontrar a alguien que se oponga a la «muerte digna» cuando la situación es realmente desesperada. El enorme éxito popular de la película no hizo sino confirmarlo.

Por supuesto, el hecho de que el montaje del filme sea tan modesto jugó en su favor: en este caso no se trata de un puñado de peces gordos de Hollywood que se gastan una fortuna para transmitir un mensaje «importante», y el bajo presupuesto demostró ser la mejor declaración de buenas intenciones. Sin embargo, creo que lo más importante es la relación de confianza que Clint ha establecido con su público a lo largo de décadas. Ningún cineasta norteamericano ha retado de forma tan perseverante al público a aceptar finales tristes o ambiguos como él. Puede que no siempre les convenza para que vayan a ver su obra, pero nunca pierden la fe en él como un hombre carente de cinismo que hace todo lo que puede para ofrecer películas que presentan un punto de vista de la vida honrado y nunca abiertamente ideológico, siempre tal y como él la ve.

En esta ocasión, justo un año después de que la noche de los Oscar pasara de largo junto a *Mystic River*, la Academia recompensó a *Million Dollar Baby* y a Clint con los premios a la mejor película y al mejor director, a Swank con el de mejor actriz y a Freeman con su tan injustamente tardío Oscar al mejor actor de reparto. Los ejecutivos de Warner Bros. se disculparon elegantemente ante Clint por haber dudado de él; según parece, vuelven a confiar en su instinto, que sigue siendo uno de los más agudos del gremio.

PÁGINA ANTERIOR Eastwood y Swank fuera del ring.
ESTA PÁGINA El trabajo de Eastwood en *Million Dollar Baby* fue premiado
con su segundo par de Oscar a la mejor película y al mejor director.

253

"Tengo la misma edad que tendría este tipo, así que estoy representando mi edad. Cuando has vivido tantos años, entiendes los problemas familiares de la gente y te puedes figurar por qué la relación del personaje con su hija está deteriorada. Quizás fue un mal divorcio, quizás cuando él era joven estaba demasiado metido en el boxeo y no pasaba tiempo con ella. Has visto un montón de relaciones que se hacían y se deshacían, en tu familia y en otras. Tienes muchas cosas a las que echar mano. Usas la imaginación. Y el dilema de conseguir al final un sentido para su vida y tener que volver a perderlo es de lo más trágico."

ESTA PÁGINA Acción en el ring, *Million Dollar Baby*.
PÁGINA SIGUIENTE El explícito cartel de la película.
DOBLE PÁGINA SIGUIENTE Eastwood y Morgan Freeman en su segunda colaboración.

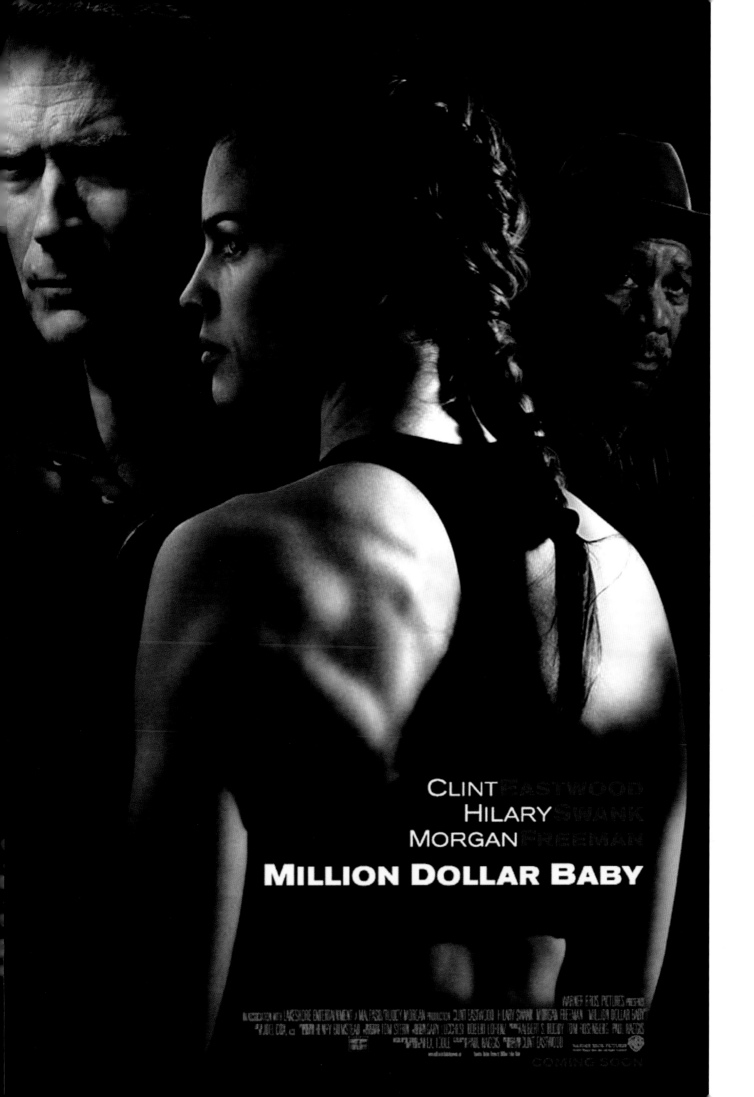

CLINT EASTWOOD
HILARY SWANK
MORGAN FREEMAN

MILLION DOLLAR BABY

255

BANDERAS DE NUESTROS PADRES 2006

El libro, escrito por James Bradley y Ron Powers, cuenta el paso por la guerra del padre del primero, uno de los soldados que, gracias a la foto inmortal de Joe Rosenthal, se hizo famoso (podríamos decir que durante cinco minutos) por izar la bandera estadounidense en el monte Suribachi de Iwo Jima. Es decir, la imagen es la que perdura, aunque son muy pocos los que conocen los nombres de quienes aparecen en ella. *Banderas de nuestros padres*, que se aprovechó en cierta medida de la moda de «The Greatest Generation», fue todo un fenómeno de masas, que adquirió Steven Spielberg por lo atractivo de su historia. Seguramente debido a que no quería rodar otra película bélica, decidió pedir a Clint, cuyo interés en la historia era bien conocido, que se hiciera cargo del proyecto.

Después de todo, la cinta resultó no ser tan bélica. En primer lugar, porque los hombres que izaron la bandera no se sentían héroes. No corrían ningún grave peligro, e izaron la bandera en gran medida porque la que había en un principio era demasiado pequeña y resultaba apenas visible para los jefazos del ejército y la armada desde la gran flota naval anclada lejos de la orilla. Ninguno de ellos sospechaba que Rosenthal o cualquier otra persona iba a crear una imagen tan poderosa, ni imaginaban que la lucha por aquella mi-

núscula isla volcánica iba a llevar más de un mes. Para entonces, la foto de Rosenthal aparecía en todos los rincones de Estados Unidos.

Llegados a aquel punto, sólo quedaban tres supervivientes del evento a los que sacar partido, pero eso no amilanó a los publicistas militares, de modo que estos jóvenes se encontraron de la noche a la mañana de gira por el país vendiendo bonos de guerra. Sus esfuerzos culminaron en el Soldier Field de Chicago, donde treparon a una réplica de papel maché del Suriba-

PÁGINA ANTERIOR El cartel sencillo pero efectivo, basado en la fotografía inmortal de Joe Rosenthal, en el monte Suribachi. SUPERIOR Los espectaculares efectos especiales de la armada en la bahía de Iwo Jima.

259

chi entre los vítores de la multitud y para su propia vergüenza. Este sentimiento afectó en especial a Ira Hayes, un indio norteamericano que acabó sumiéndose en una vida de alcohol y autodestrucción. Sin embargo, todos ellos sentían que los auténticos héroes de Iwo Jima o bien continuaban combatiendo anónimamente o bien estaban enterrados en tumbas en el campo de batalla. Clint, que había pasado toda su vida interpretando a héroes sin llegar a sentirse jamás uno de ellos, compartía por completo este sentimiento. Así pues, su película, escrita por Paul Haggis y encabezada por actores que no eran grandes estrellas, se muestra solidaria con las virtudes corrientes de sus personajes, pero al mismo tiempo lanza un asalto despectivo contra las falsas proclamas y las falsas heroicidades con las que los llamados «héroes de Iwo Jima» fueron presentados ante el público de casa por los gestores de la incipiente cultura de las celebridades, que en los años posteriores a la guerra se ha convertido prácticamente en la única cultura a la que cualquiera presta cierta atención.

El montaje del filme se realizó a escala épica; Clint nunca había hecho una película de esta magnitud. Sin embargo, para sorpresa general, se convirtió en un fracaso bastante sonado, aunque resultó un magnífico esfuerzo tanto desde el plano de dirección como desde cualquier otro punto de vista, por lo que es difícil determinar por qué no tuvo éxito. Tal vez, para cuando se estrenó la película, la idea de «The Greatest Generation», que era más un ejercicio de falsa nostalgia que una idea histórica defendible, había cerrado su ciclo. Quizás la gente no estaba aún preparada para aceptar una visión iconoclasta de un acontecimiento tan icónico.

Sin embargo, esta historia tiene una nota a pie de página. En el año 2008, el director negro Spike Lee, de lengua afilada, acusó a Clint de racismo por no haber mostrado a soldados negros en su película, cuando ellos también habían combatido en Iwo. Clint admitió que era cierto, pero que no habían estado presentes en la parte de la batalla que le ocupaba. Lee insistió, hasta que Clint finalmente le aconsejó que se «callara la boca». Lo que no hizo, y me hubiera gustado verlo, fue destacar su trayectoria como el director más daltónico de todos, que le llevó a contratar a Scatman Crothers para un papel que bien hubiera podido interpretar un actor blanco, o contratar a Morgan Freeman en *Sin perdón*, dando testimonio de la abundante presencia de personas negras durante la conquista del Oeste, o al hacer *Bird*, insistiendo en el genio de un músico negro, o al colocar a una familia negra en el centro de *Ejecución inminente*, o dando papeles a negros, en función de su política de total igualdad de oportunidades, para interpretar a secundarios de todo tipo (*Poder absoluto, Mystic River*). Así pues, su actuación en este campo es del todo impecable. Y eso por no hablar de su última película, *Invictus*, en la que realiza un admirable retrato de Nelson Mandela. En el tema de las razas, Clint no tiene motivo alguno para pedir disculpas. Creo que sus actos hablan con más convicción que las palabras.

PÁGINA ANTERIOR Una película de drama y acción, montada a escala épica. SUPERIOR El director en el lugar del rodaje, Iwo Jima, aunque algunas de las tomas se realizaron en Islandia.

CARTAS DESDE IWO JIMA 2006

Clint recuerda una reunión con Steven Spielberg y su gerente de producción, Rob Lorenz, en la que trataron asuntos relacionados con *Banderas de nuestros padres*. En el transcurso de la charla, surgió la pregunta de qué debían pensar y sentir los japoneses mientras se enfrentaban a la desesperada tarea de defender Iwo Jima. Era un tema complicado, ya que la mayoría de ellos murieron en la isla y quedaban pocas, de las cartas que habían enviado a casa. Tampoco había ningún precedente de una película que se solidarizara con la causa de un enemigo de Estados Unidos, sobre todo de uno tan odiado como lo fueron los japoneses durante la segunda guerra mundial.

Clint se sintió especialmente fascinado por la figura del general Nagaru Kuribayashi, el comandante japonés en Iwo Jima, y escribió a un amigo en Japón para preguntarle si había libros u otro tipo de información disponible sobre él.

Y la verdad es que no había gran cosa, salvo un pequeño número de cartas que había escrito a casa mientras era agregado militar en Estados Unidos durante la década de 1930. La correspondencia mostraba a un hombre impresionado por el carácter estadounidense (y en especial su iniciativa) y una persona convencida de que sería una estupidez por parte de Japón enfrentarse a Estados Unidos. Pese a todo, era un hombre leal y con un gran sentido del deber, que evidentemente estaba dispuesto a luchar por su país llegado el caso.

Clint decidió encargar un guión sobre tan apasionante personaje y su lucha desesperada por la isla. Paul Haggis, el autor de *Banderas*, recomendó a Iris Yamashita, una eminencia cinéfila y aprendiz de guionista que le había ayudado con el trabajo de investigación. Había escrito un guión sobre Japón en los días inmediatamente anteriores a la guerra y, usando ese mismo material para

PÁGINA ANTERIOR Ken Watanabe es el general Nagaru Kuribayashi, el comandante japonés en Iwo Jima.

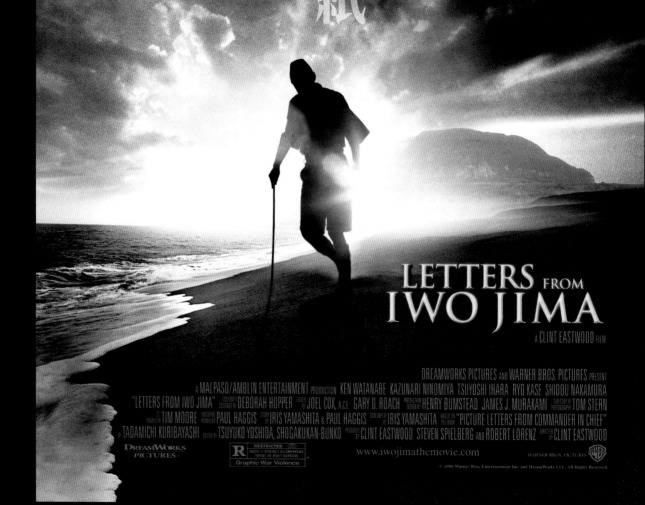

LETTERS FROM IWO JIMA

A CLINT EASTWOOD FILM

DREAMWORKS PICTURES AND WARNER BROS. PICTURES PRESENT

A MALPASO/AMBLIN ENTERTAINMENT PRODUCTION KEN WATANABE KAZUNARI NINOMIYA TSUYOSHI IHARA RYO KASE SHIDOU NAKAMURA "LETTERS FROM IWO JIMA" COSTUMES DESIGNED BY DEBORAH HOPPER EDITED BY JOEL COX, A.C.E. GARY D. ROACH PRODUCTION DESIGNED BY HENRY BUMSTEAD JAMES J. MURAKAMI DIRECTOR OF PHOTOGRAPHY TOM STERN CO-PRODUCER TIM MOORE EXECUTIVE PRODUCER PAUL HAGGIS STORY BY IRIS YAMASHITA & PAUL HAGGIS SCREENPLAY BY IRIS YAMASHITA BASED ON THE BOOK "PICTURE LETTERS FROM COMMANDER IN CHIEF" BY TADAMICHI KURIBAYASHI EDITED BY TSUYUKO YOSHIDA, SHOGAKUKAN-BUNKO PRODUCED BY CLINT EASTWOOD STEVEN SPIELBERG AND ROBERT LORENZ DIRECTED BY CLINT EASTWOOD

DREAMWORKS PICTURES

R RESTRICTED UNDER 17 REQUIRES ACCOMPANYING PARENT OR ADULT GUARDIAN
Graphic War Violence

www.iwojimathemovie.com

WARNER BROS. PICTURES

© 2006 Warner Bros. Entertainment Inc. and DreamWorks LLC. All Rights Reserved.

su texto, logró elaborar un guión excelente en un plazo bastante corto. Mientras rodaba *Banderas,* Clint reservó algunas tomas para *Cartas,* y cuando la primera película estaba en fase de posproducción (un proceso más largo de lo habitual debido a la gran cantidad de secuencias con efectos especiales) se dedicó a rodar la segunda película, que tenía un plazo de entrega corto y contaba con un presupuesto relativamente pequeño.

Al final resultó ser un magistral estudio del personaje. Hay motivos para pensar que asignaron la comandancia a Kuribayashi porque estaba a malas con la alta comandancia imperial, quizás porque se sospechaba que sentía una excesiva simpatía por el enemigo. Lo que es cierto sin lugar a dudas es que no supo hasta que llegó a Iwo que no iba a disponer de apoyo de la armada ni de las fuerzas aéreas japonesas, que habían resultado muy mermadas en enfrentamientos previos con los norteamericanos. Tampoco sabía que buena parte de sus propios mandos iban a criticar su estrategia, que consistía en no combatir contra los norteamericanos en las playas, sino en una guerra de desgaste desde las cuevas y los túneles, que él mismo ordenó excavar, tierra adentro. Sabía que no podía ganar aquella batalla contra fuerzas superiores, pero también sabía que podía infligir un número devastador de bajas a los invasores (en Iwo se concedieron más medallas de honor que en ninguna otra batalla de la historia de Estados Unidos).

Es probable que tenga tanta importancia el relato de la batalla que traza Clint como su retrato de Kurabayashi como oficial humano, que se ocupaba en lo posible del bienestar de sus tropas en una situación donde la comida e incluso el agua escaseaban. Esta actitud era una rareza relativa en el ejército japonés, donde lo habitual era que los soldados rasos recibieran un trato cruel y despectivo por parte de los oficiales. El mayor elemento de ficción de la película se basa en la relación del general con un soldado raso al que constantemente se encuentra por casualidad y que añade un punto de humanidad cómica pero también enternecedora. Este muchacho sólo quiere sobrevivir y volver a casa para retomar su pacífica vida de panadero (y marido y padre).

Kurabayashi, al que interpreta Ken Watanabe de modo austero pero elegante, emerge como uno de los grandes héroes de Eastwood, un hombre que cumple su deber, consciente de que debe morir haciéndolo y que acepta este hecho sin el menor atisbo de autocompasión. En este libro he identificado a Clint como un hombre extremadamente cumplidor con su deber, así que tal vez hay una cierta ironía en el hecho de que este director tan estadounidense encuentre el paradigma de la virtud que lo define a sí mismo de un modo más significativo en un hombre formado en unas tradiciones completamente opuestas a las suyas. Quizás haya una mayor carga irónica en el hecho de que *Cartas desde Iwo Jima,* y no la mucho más ambiciosa *Banderas de nuestros padres,* encabezara la lista de las diez mejores películas y compitiera por los galardones más importantes del invierno del 2006. Es un ejemplo soberbio del control de un director, además de un hábil retrato de la mente de un enemigo enigmático y contradictorio. Y, sobre todo, es una obra maestra de la modestia.

PÁGINA ANTERIOR Cartel de *Cartas desde Iwo Jima.* SUPERIOR En la esencia del filme se encuentra el típico estudio del personaje eastwoodiano: un hombre que pone el deber por delante de la satisfacción personal. DOBLE PÁGINA SIGUIENTE Clint dirige a Kenwatarabe en el austero paisaje de Iwo Jima.

"Cada película que hago me enseña algo, y por eso sigo haciéndolas. Estoy en un momento de mi vida en el que seguramente podría parar y dedicarme a jugar al golf. Pero filmando estos dos filmes sobre Iwo Jima aprendí mucho sobre la guerra y el carácter. Y también aprendí mucho de mí mismo."

EL INTERCAMBIO 2008

El dolor de una madre, la corrupción policial, la hipocresía desvergonzada, todo esto existe, todo está bien documentado en cualquier periódico, y todo ello son los temas que confluyen en *El intercambio*, un relato melodramático contado de modo enternecedor que representa la expresión más trágica de Clint Eastwood de su interés obsesivo por las familias afligidas. La diferencia es que en esta ocasión no aparece ningún misterioso desconocido para resolver la situación.

Estamos en 1928 y Christine Collins (interpretada con una especie de pasión contenida por Angelina Jolie, un trabajo que le valió una nominación de la Academia) es una madre soltera que trabaja de supervisora en una compañía telefónica. Un sábado la llaman para que acuda al trabajo de forma inesperada, lo que la obliga a dejar solo en casa a su hijo, Walter. Le da órdenes estrictas de no salir de la casa, pero cuando Christine vuelve el niño ha desaparecido. Más tarde, la policía de Los Ángeles, que sufre de corrupción crónica, encuentra a un muchacho en Indiana que aseguran que es el niño perdido. Christine se da cuenta casi de inmediato de que es un impostor. Ayudada por Gustav Briegleb (John Malkovich), un predicador radiofónico y eterno enemigo del departamento de policía de Los Ángeles, organiza una cruzada pública contra los policías. Por toda recompensa recibe el ingreso en un sanatorio mental.

Llegados a este punto, no obstante, un policía honrado descubre una granja en la que un criminal de lo más pervertido secuestra (y termina matando) a chicos jóvenes. Prácticamente nos convencemos de que el joven Walter es una de sus desdichadas víctimas, aunque nunca se descubre su cadáver. Mientras, el asesino se dedica a torturar a Christine prometiéndole una confesión que nunca realiza. En el fondo hay una minúscula esperanza de que el pequeño haya logrado escapar y, cuando termina la película, ella continúa teniendo esperanzas de recuperarlo, pero en realidad eso es algo que nunca llega a ocurrir.

Como todos sabemos (sobre todo los cineastas que siempre deben dar un final satisfactorio al filme), muy a menudo la verdad resulta poco halagüeña. Sin embargo, a Clint no le importó demasiado este hecho. En las entrevistas, insistió una

"Ochenta años atrás, Los Ángeles era algo independiente al resto de la Costa Oeste. Se convirtió en un mundo aparte. En aquel entonces se produjeron muchos incidentes raros que inspiraron a toda una generación de películas de cine negro, y apenas ha cambiado. Sigue siendo corrupta."

y otra vez en que los delitos contra los niños son los más despreciables, y ése era el argumento en el que quería que se centrara el público. Tampoco evitaba criticar a un cuerpo de policía inepto y corrupto como tantos otros.

La película es una obra de época muy bien elaborada, y el guión de J. Michael Stracyznski llevaba intercaladas copias de antiguos recortes de periódicos que dan fe de la precisión de su investigación. Sin embargo, resultó insatisfactoria para buena parte del público. El cambio de marcha entre la historia del niño desaparecido y la investigación del perverso asesino en serie resultaba discordante. Además, la ausencia de un final que satisficiera la necesidad de la gente de que la historia quede cerrada fue igualmente decepcionante para el gran público.

Dicho esto, la película es en gran medida un esfuerzo admirable, buena prueba de que Clint sigue insistiendo sin comprometerse con nadie para continuar haciendo lo que quiere y necesita hacer en cada momento de su vida cuando bien podría haberse refugiado en la comodidad o en el silencio.

El intercambio evita la estructura tradicional dividida en tres partes y que deja deliberadamente sin respuesta a muchas de las preguntas que formula. Además, responde a la preferencia de Clint por la ambigüedad más que ningún otro de sus trabajos. Sospecho que esta película, igual que *El seductor* o *El aventurero de medianoche*, entre otras de sus películas menos recordadas, podría llegar a convertirse un día en el tema de un estudio revisionista.

PÁGINA ANTERIOR *El intercambio* supera la ficción.
ESTA PÁGINA Con este filme, Eastwood vuelve a mostrar su apego a las historias reales complejas así como a la recreación de tiempos pasados.

271

GRAN TORINO 2009

Sí, antes de que se acabe la película llegamos a querer a Walt Kowalski. Sin embargo, el placer más profundo que nos proporciona la interpretación de Clint Eastwood es lo mucho que hace que nos cueste quererle. No se trata simplemente de un viejo gruñón más que no puede evitar que su expresión traicione que sólo está bromeando. Walt es un operario de una cadena de montaje de Detroit retirado que no disfrutó mucho de su vida de duro trabajo. Probablemente, sus mejores días fueron los de la guerra de Corea, durante la cual ganó medallas y, como sabremos, hizo algunas cosas terribles.

Hace poco que ha enviudado y le consuelan su fiel perro, y su coche, un Gran Torino de 1972 que tiene aparcado en el garaje (aparentemente no le importa que los aficionados a los coches juzguen que es un falso clásico), aunque le repugnan sus hijos aburguesados, la piedad simplona del párroco y, lo peor de todo, las familias asiáticas que infestan el barrio (para él sólo son «amarillos»).

Sin embargo, son amarillos amenazados por bandas del barrio, y Walt es su único aliado lógico. El hijo tímido y socialmente inepto de sus vecinos es la víctima predilecta de esas bandas y, en un momento dado, su hermana valiente y encantadora, la persona que de modo más persistente trata de sacar a Walt de su caparazón, es brutalmente apaleada y violada por una de las bandas.

¿Acaso motiva este hecho que el viejo se ponga de parte de este pueblo amable y pacífico? Por supuesto. Si pensaba que no, es que no ha ido mucho al cine en las últimas décadas. Walt da empleo al muchacho como chico para todo (con la responsabilidad especial de ocuparse del Gran Torino) y responde a regañadientes al acercamiento de la chica. Lo siguiente que sabemos es que come junto a sus vecinos y les defiende de sus enemigos. Al final del filme, consciente de que está muriendo de cáncer de pulmón, sacrifica su vida por ellos.

En muchos aspectos, se trata de una película típica y a la vieja usanza de Eastwood, realizada en una escala reducida, fácil de rodar en poco tiempo

PÁGINA ANTERIOR Clint interpreta a Walt Kowalski en *Gran Torino*, que nada tiene que ver con *Harry el sucio*.

273

y dependiente de su propia presencia en el plano comercial. Lo mejor de ella es que no realiza ningún tipo de halago sentimental descarado de Walt. Es tan duro como cualquier otro personaje de Eastwood, sólo que mucho más viejo, y al igual que sus predecesores hace lo correcto porque, instintivamente, sabe qué es lo correcto aún sin ser capaz de verbalizarlo. Como actor, Clint nunca ha suplicado el favor del público y no estaba dispuesto a hacerlo en un punto tan avanzado de su vida.

Éste es el motivo por el que acabó un tanto molesto, primero por el rumor de que se trataba de un regreso a los personajes del tipo de Harry el sucio, y después por algunas interpretaciones críticas de la película en el mismo tono. A lo largo de los años, la gente había acabado queriendo a Harry por su cara de cemento y su despreocupación. Sin embargo, Walt Kowalski no compartía ni mucho menos estas características. En realidad, no era tan lanzado como lo había llegado a ser Harry: sólo era un dinosaurio extravagante, que al final resulta ser, incluso para su propia sorpresa, reciclable. Además (un subtema bastante oculto en el filme), cometió actos horrendos en Corea que desea reparar. No fueron crímenes de guerra, pero tampoco acciones de las que un hombre pueda sentirse orgulloso cuando va a morir.

Aunque la película resultó ser bastante buena, yo no esperaba que *Gran Torino* fuera un gran éxito, y no estoy seguro de que Clint pensara de otro modo. Sin embargo, tal vez debido a que se estrenó en medio de una recesión que generó amplias simpatías hacia la clase obrera, o quizás porque recordaba al público el valor que había tenido para ellos la «taciturnidad» de Clint a lo largo de los años (no había interpretado un personaje como Walt desde hacía un par de décadas, tal vez porque en este caso daba vida a un anciano, algo que él mismo era sin duda alguna) sin que pareciera que estaba actuando, la película fue un gran taquillazo. De hecho, se dice que dólar arriba, dólar abajo, es la película más exitosa que haya hecho jamás.

Al final hay que decirlo: el último tramo de la carrera de Clint tiene un punto inspirador. Resulta inspiradora para la gente de su edad. Es inspiradora para la gente que sabe (si tiene suerte, por supuesto) que llegará inevitablemente a esa edad.

El sueño americano, de hecho, está compuesto de muchos sueños, de los cuales el último, mayor y más difícil de alcanzar es el de vivir la vejez en condiciones y siendo útil.

SUPERIOR Clint trabaja en *Gran Torino*. PÁGINA SIGUIENTE Eastwood imprime su edad en el imponente cartel de la película. DOBLE PÁGINA SIGUIENTE Según Clint ésta es su última película como protagonista.

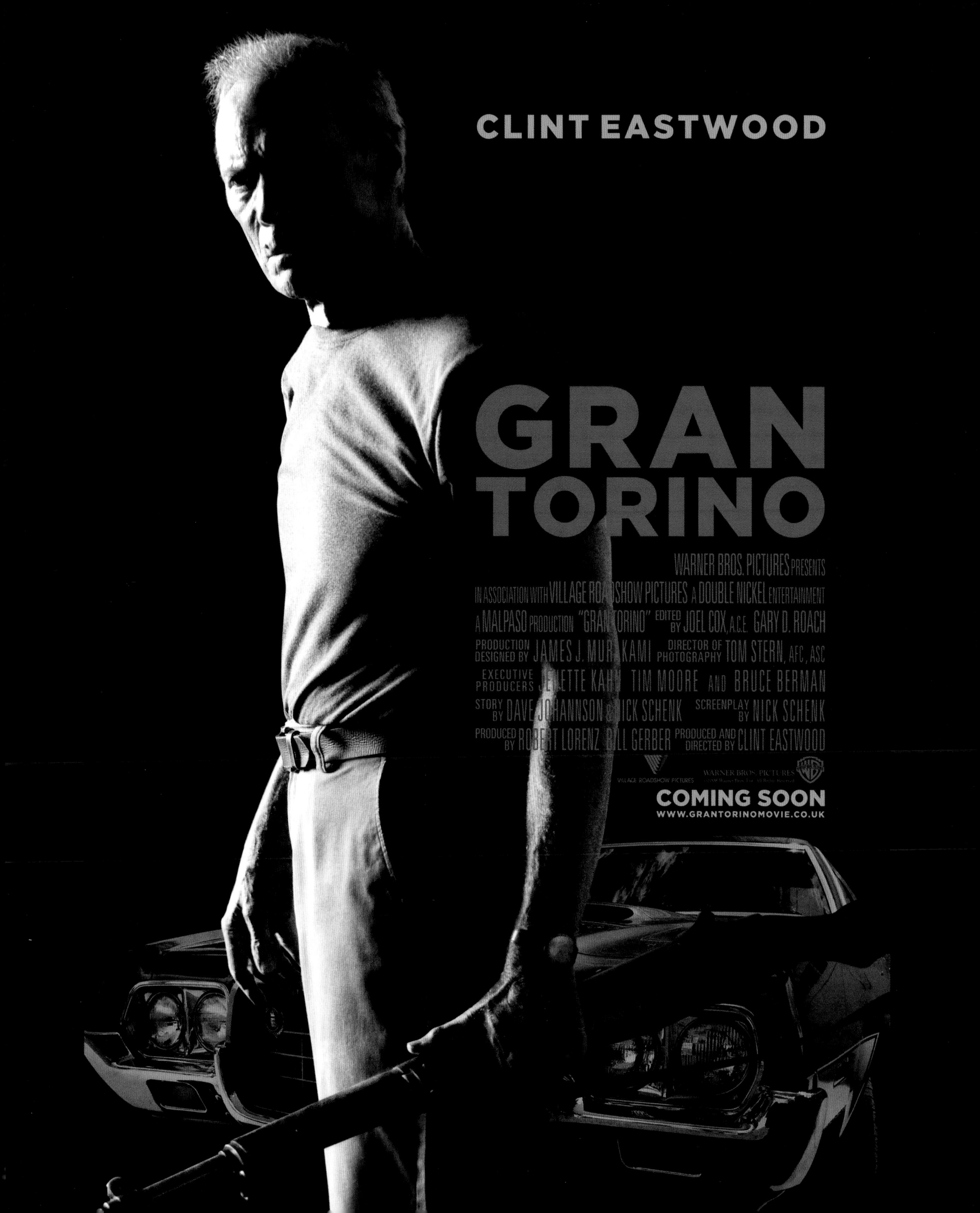

CLINT EASTWOOD
GRAN TORINO
WARNER BROS. PICTURES PRESENTS
IN ASSOCIATION WITH VILLAGE ROADSHOW PICTURES A DOUBLE NICKEL ENTERTAINMENT
A MALPASO PRODUCTION "GRAN TORINO" EDITED BY JOEL COX, A.C.E. GARY D. ROACH
PRODUCTION DESIGNED BY JAMES J. MURAKAMI DIRECTOR OF PHOTOGRAPHY TOM STERN, AFC, ASC
EXECUTIVE PRODUCERS TIM MOORE AND BRUCE BERMAN
STORY BY DAVE JOHANNSON SCREENPLAY BY NICK SCHENK
PRODUCED BY ROBERT LORENZ PRODUCED AND DIRECTED BY CLINT EASTWOOD
VILLAGE ROADSHOW PICTURES
WARNER BROS. PICTURES
COMING SOON
WWW.GRANTORINOMOVIE.CO.UK

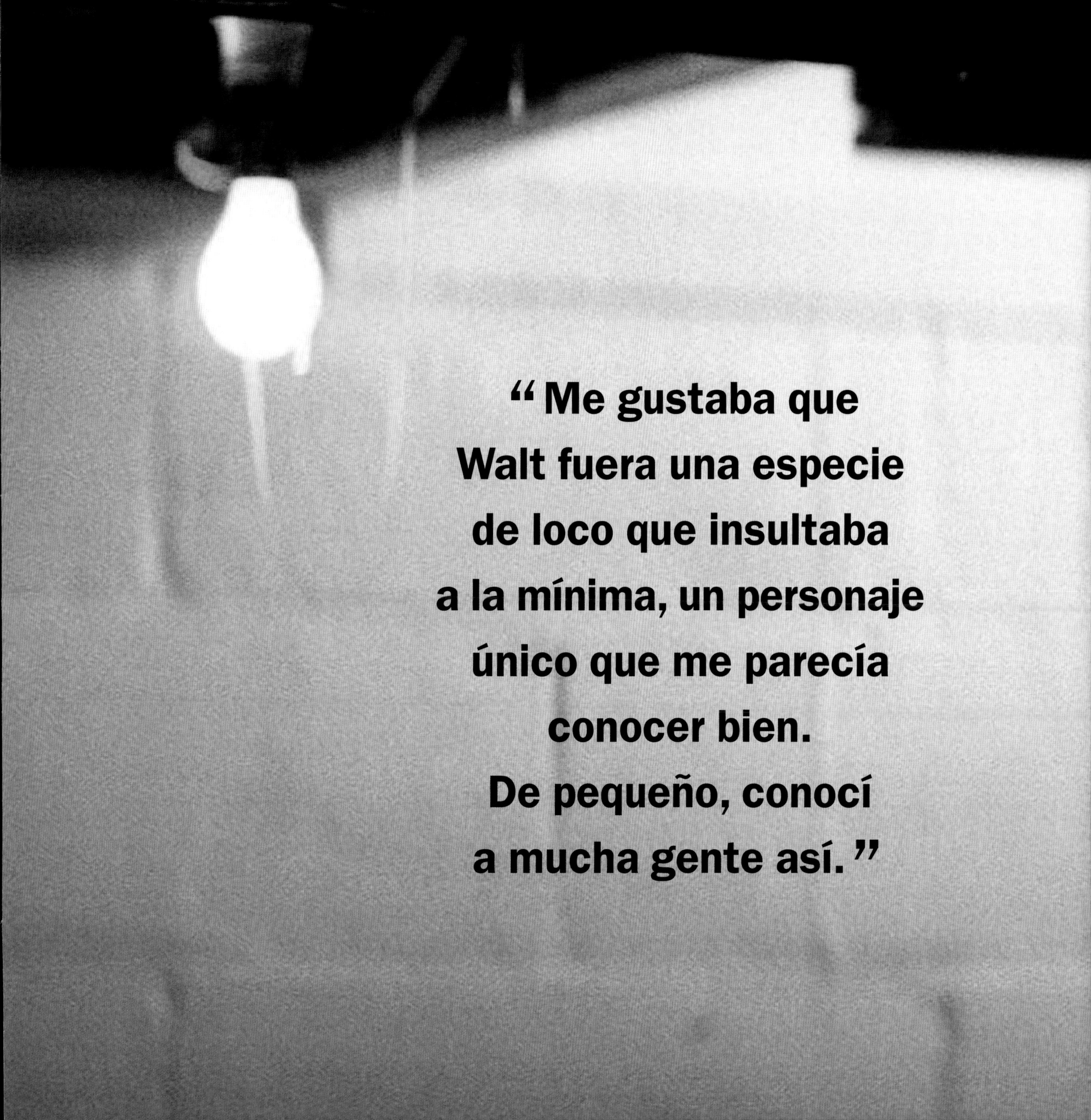

"Me gustaba que
Walt fuera una especie
de loco que insultaba
a la mínima, un personaje
único que me parecía
conocer bien.
De pequeño, conocí
a mucha gente así."

INVICTUS 2009

Comenzó con una llamada de Morgan Freeman. Dijo que tenía un buen guión que le gustaría que Clint leyera. Cuando lo recuerda, sonríe: «Cada vez que alguien te dice eso, siempre te acabas diciendo: "Bueno, eso ya lo decidiremos nosotros"». Sin embargo, devolvió la llamada a Freeman para decirle que, en efecto, era bueno y que le gustaría dirigir la película.

Es fácil entender qué fue lo que atrajo a Clint del filme que terminaría llamándose *Invictus*, el título de un poema hermoso de William Ernst Henley («Doy gracias a los dioses que sean por mi alma inconquistable»), que a menudo había levantado el ánimo a Nelson Mandela durante los veintisiete años que vivió en cautividad en la Sudáfrica del *apartheid*. Una vez liberado y nombrado presidente del país, organizó actos simbólicos que sirvieran para unir su nación, y curiosamente se fijó en el rugby como un instrumento para hacer realidad su deseo.

Era un juego de blancos; en Sudáfrica, los negros solían jugar y ver fútbol. Esta circunstancia no hizo sino motivar aún más a Mandela: cuanto más difícil era un problema, más suave debía ser su solución. Además, Sudáfrica disponía de un equipo de rugby decente, aunque no necesariamente magnífico: los Springboks, con sede en Ciudad del Cabo, que podían al menos disfrutar con dignidad la Copa del Mundo de 1995. Mandela, interpretado, cómo no, por Freeman, llamó a su despacho al capitán de los Springboks, François Pienaar (Matt Damon), y literalmente le ordenó que ganara la copa, algo que los Springboks al final lograron.

Es una historia bien relatada. Mandela no aparece como un personaje del todo santo, aunque sí resulta muy agradable gracias a la interpretación competente de Freeman. Los diversos partidos que aparecen en la película, y que los llevan a la final frente a los All Blacks (bautizados así por sus uniformes, algo irónico en cierto modo, y representantes de Nueva Zelanda), están filmados con vigor y suspense. No es preciso conocer todas las intricadas reglas del rugby para entender el progreso de los partidos. La película alcanza su clímax emocional cuando Mandela aparece en el estadio el día de la final vestido con una réplica del jersey de Pienaar, con el n.º 6 bordado.

Es un filme amable, en el que no hay villanos, donde incluso los guardaespaldas presidenciales blancos, que trabajan de mala gana con sus homólogos negros, se emocionan ante la consecución de un triunfo simbólico. Es fácil imaginarse por qué la película atrajo a Clint. Para empezar, en los últimos años parece inclinarse más hacia las historias verídicas (sus últimos tres trabajos están basados en hechos reales). Por otro lado, la película tenía cierta vertiente épica, otra

característica (presente sobre todo en los títulos bélicos) que últimamente le llama la atención. Lo más significativo, no obstante, es que contenía un mensaje moral que él aprobaba sin tapujos. «El perdón es su fuerza», dice de Mandela. «Tiene una moral de la que carecen la mayoría de los políticos. Viendo los acontecimientos políticos que ocurren hoy en día y que han sucedido estos últimos años, diría que no nos hubiera ido mal tener a alguien como él.»

En esta reflexión idealista reside la originalidad de *Invictus* si la vemos en términos puramente eastwoodianos, pues es la primera de sus películas que

"Es una historia muy edificante, y todo el mundo sabe bastante de la vida de Nelson Mandela. Pero no creo que la gente esté tan familiarizada precisamente con este elemento de su historia. El hecho de que escogiera un deporte al que sólo jugaba un segmento de población en Sudáfrica y lo convirtiera en un factor unificador para su presidencia. Fue sin duda un gran unificador."

PÁGINA ANTERIOR El director y el protagonista hablan sobre el escenario.

279

aborda un asunto político más o menos contemporáneo, la primera que lanza el tipo de «mensaje» que los cineastas siempre se mueren de ganas de transmitir y que por lo general expresan con bastante torpeza. El hecho de que el problema que aborda (el racismo) haya sido un tema central en la propia moral de Clint durante toda su vida, sin duda, hace que el proyecto resulte especialmente satisfactorio para él. Además, que lo haya hecho sin recurrir a los discursos ampulosos pronunciados ante la cámara o en otros actos abiertamente moralizantes es uno de los motivos por el que la película nos complace a nosotros. El hecho de que se estrenara pocos meses antes de que Clint cumpliera ochenta años sintetiza las mejores cualidades de una carrera que le ha llevado de las fronteras de nuestra conciencia como espectadores al centro de ella. Hoy en día la gente se refiere a él en términos de «leyenda», una categoría que él mismo evidentemente desaprueba. Mientras escribo estas líneas, se encuentra en Europa rodando una nueva cinta, que tal vez ensanche esta leyenda y tal vez no. En realidad, le da absolutamente lo mismo si pasa una cosa o la otra: si la gente lo quiere considerar una leyenda, él no lo puede evitar. Todavía le quedan películas por hacer. Y no vuelve la vista atrás. Su último proyecto se titula *Hereafter* [*De aquí en adelante*], todo un manifiesto de intenciones.

ESTA PÁGINA Idealismo, inspiración, estoicismo y deber:
Mandela refleja las clásicas virtudes eastwoodianas en *Invictus*.
PÁGINA SIGUIENTE Un momento de triunfo literal y simbólico:
Morgan Freeman y Matt Damon en *Invictus*.

Nota del autor

Por supuesto, la «objetividad» no existe en esta revisión crítica, biografía, historia o lo que sea este libro. Todo el que se dedica a estas artes aporta todas las visiones personales, los perjuicios y el entusiasmo que el estudio del tema en cuestión le sugiere. Aun así, mi relación con Clint Eastwood es un caso especial, si bien soy consciente de que se han dado otras a lo largo de la historia de otros artistas y sus amigos escritores. Hará unos veinte años, cuando trabajaba como crítico cinematográfico, tuve que recusarme de escribir sobre la obra de Clint. Luego escribí una larga biografía sobre él, criticada en todas partes por no abordar mi amistad con él. No tengo ninguna intención de volver a cometer el mismo error.

Así que, para confirmar lo obvio, este libro es el relato apasionado de la carrera de un buen amigo. Me parece evidente que nadie establecería una relación de amistad de este tipo si aborreciera la obra de ese amigo, o simplemente quisiera gozar del dudoso placer de formar parte de su entorno (del que en absoluto carece Clint). Más allá de todo esto, desde los tiempos de *Sin perdón* he tenido el placer de ver que mis impresiones sobre la obra de Clint han ido reflejándose cada vez más a menudo en críticas y otros artículos sobre él. Sin duda, Clint siempre ha contado con un gran número de seguidores, pero ahora los tiene entre los cinéfilos más cultos y sofisticados. Estoy seguro de que eso le complace. Pero también estoy convencido de que nunca ha elegido sus proyectos en función de los intereses de sus admiradores. Sigue funcionando con el mismo instinto que tan bien le ha guiado durante todas estas décadas. Mi instinto me empuja a agradecerle públicamente el placer de haber disfrutado de su compañía la mayor parte de ese tiempo y a desear que este libro le complazca tanto a él como a usted, su lector.

RICHARD SCHICKEL

Fuentes

A excepción de las fuentes abajo citadas, todas las citas de Clint Eastwood se han extraído de entrevistas realizadas por Richard Schickel.

47 Entrevista con Meriel McCooey, *Sunday Times Magazine*, 1969; **50** *Clint Eastwood*, de Alan Frank, Optimum, 1982, p. 26; **70** *Clint Eastwood*, de Robert Tanitch, Studio Vista, 1995, p. 51; **75** *Clint Eastwood–Film-maker*, de Daniel O'Brien, Batsford, 1996, p. 11; **78-79** *Clint Eastwood*, de Alan Frank, Optimum, 1982, p. 36; **82** *Clint Eastwood*, de Robert Tanitch, Studio Vista, 1995, p.66; **90** Entrevista con Derek Malcolm en *The Guardian*, 28 de agosto de 1990; **99** *Clint Eastwood*, de Robert Tanitch, Studio Vista, 1995, p.77; **107** *Clint Eastwood*, de Robert Tanitch, Studio Vista, 1995, p. 88; **108** Entrevista con Michael Parkinson em *The Guardian*, 7 de octubre de 2003; **127** *Clint Eastwood*, de Alan Frank, Optimum, 1982, p. 63; **138** Entrevista en brightlightsfilm.com; **159** *Eastwood*, de Paul Duncan y Douglas Keesey, Taschen, 2006, p. 128; **198** *Eastwood*, de Paul Duncan y Douglas Keesey, Taschen, 2006, p. 143; **200** Entrevista con Derek Malcolm en *The Guardian*, 28 de agosto de 1990; **202** Entrevista con Derek Malcolm en *The Guardian*, 28 de agosto de 1990; **214** Entrevista en la revista *Esquire*, diciembre de 2008; **223** Entrevista en la revista *Playboy*, 1997; **227** Entrevista en la revista *Playboy*, 1997; **230** Entrevista en la revista *Playboy*, 1997; **239** Entrevista en *The Times*, 30 de agosto de 2000; **242** *Eastwood*, de Paul Duncan y Douglas Keesey, Taschen, 2006, p. 164; **249** Entrevista con Stella Papamichael, bbc.co.uk/films; **254** Entrevista en brightlightsfilm.com; **270** Entrevista en www.blockbuster.co.uk; **277** Entrevista en www.blockbuster.co.uk; **282** Entrevista para *Inside the Actor's Studio*.

Agradecimientos

Richard Schickel y Palazzo Editions desean agradecer la ayuda y el apoyo que han recibido en este proyecto. Concretamente, en lo referente a la gestión y el proyecto creativo a: Jeffrey Baker y Thomas Lucas de Warner Home Video, Julie Heath, Jeff Briggs y Jeff Stevens de Warner Bros. Entertainment Inc. Y en las imágenes a: Susannah Jayes, Magnus Jigsted de Corbis, Phil Moad y Dave Kent de Kobal y Andrew Howick de MPTV images.

Filmografía

La venganza del monstruo de la Laguna Negra (Revenge of the Creature)
(Universal-International) 82 minutos
Director: Jack Arnold
Guión: Martin Berkeley
Fotografía: Charles S. Welbourne
Intérpretes: John Agar (Clete Ferguson); Lori Nelson (Helen Dobson); John Bromfield (Joe Hayes); Nestor Paiva (Cap. Lucas); Grandon Rhodes (Jackson Foster); Clint Eastwood (Jennings, técnico de laboratorio)
Estreno: 13 de mayo de 1955, véase pág. 39

Francis in the Navy (Universal-International)
80 minutos
Director: Arthur Lubin
Guión: Devery Freeman
Fotografía: Carl Guthrie
Intérpretes: Donald O'Connor (Peter Stirling); Martha Hyer (Betsy Donevan); Richard Erdman (Murph); Jim Backus (E. T. Hutch); Clint Eastwood (Jonesy); David Janssen (Anders); Leigh Snowden (Appleby); Martin Milner (W. T. Rickson)
Estreno: 5 de agosto de 1955, véase pág. 39

Lady Godiva (Universal-International) 89 minutos
Director: Arthur Lubin
Guión: Oscar Brodney, Harry Ruskin
Fotografía: Carl Guthrie
Intérpretes: Maureen O'Hara (Lady Godiva); George Nader (Lord Leofric); Victor McLaglen (Grimald); Rex Reason (Harold); Clint Eastwood (Primer sajón)
Estreno: 2 de noviembre de 1955, véase pág. 39

Tarántula (Tarantula) (Universal-International)
80 minutos
Director: Jack Arnold
Guión: Robert Fresco, Martin Berkeley
Fotografía: George Robinson
Intérpretes: John Agar (Dr. Matt Hastings); Mara Corday (Stephanie Clayton); Leo G. Carroll (Gerald Deemer); Clint Eastwood (Primer piloto)
Estreno: 14 de diciembre de 1955, véase pág. 39

Hoy como ayer (Never say Goodbye)
(Universal-International) 96 minutos
Director: Jerry Hopper
Guión: Charles Hoffman
Fotografía: Maury Gertsman
Intérpretes: Rock Hudson (Dr. Michael Parker); Cornell Borchers (Lisa Gosting); George Sanders (Victor); Ray Collins (Dr. Bailey); David Janssen (Dave Heller); Shelley Fabares (Suzy Parker); Clint Eastwood (Will, ayudante de laboratorio)
Estreno: 10 de marzo de 1956, véase pág. 39

Star in the Dust (Universal-International)
80 minutos
Director: Charles Haas
Guión: Oscar Brodney
Fotografía: John L. Russell Jr.
Intérpretes: John Agar (Bill Jorden); Mamie Van Doren (Ellen Ballard); Richard Boone (Sam Hall); Leif Erickson (George Ballard); Coleen Gray (Nellie Mason); James Gleason (Orval Jones); Clint Eastwood (Tom, jornalero)
Estreno: 13 de junio de 1956, véase pág. 39

Zafarrancho de combate (Away all Boats)
(Universal-International) 114 minutos
Director: Joseph Pevney
Guión: Ted Sherdeman
Fotografía: Willam Daniels
Intérpretes: Jeff Chandler (Jebediah S. Hawks); George Nader (Tte. Dave MacDougall); Julie Adams (Nadine MacDougall); Lex Barker (Comandante Quigley); Keith Andes (Doctor Bell); Richard Boone (Tte. Fraser); Clint Eastwood (Marinero)
Estreno: 16 de agosto de 1956, véase pág. 39

The First Traveling Saleslady (RKO)
92 minutos
Director: Arthur Lubin
Guión: Devery Freeman, Stephen Longstreet
Fotografía: William Snyder
Intérpretes: Ginger Rogers (Rose Gillray); Barry Nelson (Charles Masters); Carol Channing (Molly Wade); David Brian (James Carter); James Arness (Joel Kingdom); Clint Eastwood (Jack Rice)
Estreno: agosto de 1956, véase pág. 40

Escapada en Japón (Escapade in Japan)
(RKO/Universal-International) 93 minutos
Director: Arthur Lubin
Guión: Winston Miller
Fotografía: William Snyder
Intérpretes: Teresa Wright (Mary Saunders); Cameron Mitchell (Dick Saunders); Jon Provost (Tony Saunders); Roger Nakagawa (Hiko); Clint Eastwood (Dumbo, un piloto)
Estreno: 17 de octubre de 1957, véase pág. 40

La escuadrilla Lafayette (Lafayette Escadrille)
(Warner Bros.) 93 minutos
Director: William A. Wellman
Guión: A. S. Fleischman
Fotografía: William Clothier
Intérpretes: Tab Hunter (Thad Walker); Etchika Choureau (Renée Beaulieu); Marcel Dalio (Drill Sergeant); David Janssen (Duke Sinclair); Paul Fix (General); Clint Eastwood (George Moseley)
Estreno: noviembre de 1957, véase pág. 40

Ambush at Cimarron Pass
(Regal/20th Century Fox) 73 minutos
Director: Jodie Copelan
Guión: Richard G. Taylor, John K. Butler
Fotografía: John M. Nickolaus, Jr.
Intérpretes: Scott Brady (Matt Blake); Margia Dean (Teresa Santos); Clint Eastwood (Keith Williams); Baynes Barron (Corbin); William Vaughan (Henry el Scout)
Estreno: marzo de 1958, véase pág. 40

Rawhide (Columbia BroadCasting System)
60 minutos for television
Intérpretes: Eric Fleming (Gil Favor); Clint Eastwood (Rowdy Yates); Paul Brinegar (Wishbone); Steve Raines (Jim Quince); James Murdock (Mushy); Rocky Shahan (Joe Scarlet)
Estreno: 9 de enero de 1959, hasta un total de 217 episodios, véase pág. 41

Por un puñado de dólares (Per un pugno di dollari) (Jolly Film/Constantin/ Ocean/ United Artists) 99 minutos
Director: Sergio Leone
Guión: Sergio Leone, Duccio Tessari, Victor A. Catena, G. Schock
Fotografía: Jack Dalmas (Massimo Dallamano)
Intérpretes: Clint Eastwood (El forastero); Marianne Koch (Marisol); Gian Maria Volontè (Ramón Rojo); Wolfgang Lukschy (John Baxter); Sieghardt Rupp (Esteban Rojo); Joseph Egger (Piripero); Antonio Prieto (Don Benito Rojo); José Calvo (Silvanito)
Estreno: 16 de octubre de 1964, véase pág. 44

La muerte tenía un precio (Per qualche dollari in piu) (Produzioni Europee Associati/Constantin/Arturo González) 132 minutos
Director: Sergio Leone
Guión: Luciano Vincenzoni, Sergio Leone
Fotografía: Massimo Dallamano
Intérpretes: Clint Eastwood (El forastero); Lee Van Cleef (Douglas Mortimer); Gian Maria Volontè (El Indio); Mara Krup (Mary); Luigi Pistilli (Groggy); Klaus Kinski (Wild); Josef Egger (Viejo profeta); Panos Papadopoulos (Sancho Pérez); Benito Stefanelli (Luke)
Estreno: 18 de noviembre de 1965, véase pág. 48

Las brujas (La Streghe) (Dino de Laurentiis/ Les Productions Artistes Associés) 105 minutos
Director: (Quinta Parte, *Una noche como otra cualquiera*): Vittorio De Sica
Guión: Cesare Zavattini, Fabio Carpi, Enzio Muzii
Fotografía: Guisseppe Rotunno
Intérpretes: Silvana Mangano (Giovanna); Clint Eastwood (Charlie); Gianni Gori (Diabolik); Paolo Gozlino (Mandrake); Angelo Santi (Flash Gordon); Piero Torrisi (Batman)
Estreno: 22 de febrero de 1967, aunque producida en 1965, véase pág. 52

El bueno, el feo y el malo (Il bueno, il bruto e il cattivo) (Produzioni Europee Associates/United Artists) 161 minutos
Director: Sergio Leone
Guión: Luciano Vincenzoni, Sergio Leone
Fotografía: Tonino Delli Colli
Intérpretes: Clint Eastwood (El Rubio); Eli Wallach (Tuco); Lee Van Cleef (Sentenza/Ojos de Ángel); Aldo Giuffrè (Capitán Unión); Luigi Pistilli (Padre Pablo Ramírez); Rada Rassimov (María)
Estreno: 15 de diciembre de 1966, véase pág. 56

Cometieron dos errores (Hang'Em High)
(United Artists/Malpaso) 114 minutos
Director: Ted Post
Guión: Leonard Freeman, Mel Goldberg
Fotografías: Richard Kline, Leonard Sough
Intérpretes: Clint Eastwood (Jed Cooper); Inger Stevens (Rachel Warren); Ed Begley (Wilson); Pat Hingle (Adam Fenton); Ben Johnson (Dave Bliss); Charles McGraw (Ray Calhoun); Ruth White (Madame «Peaches» Sophie)
Estreno: 3 de agosto de 1968, véase pág. 60

La jungla humana (Coogan's Bluff)
(Universal/Malpaso) 93 minutos
Director/producer: Don Siegel
Guión: Herman Miller, Dean Riesner, Howard Rodman
Fotografía: Bud Thackery
Intérpretes: Clint Eastwood (Walt Coogan); Lee J. Cobb (McElroy); Susan Clark (Julie Roth); Tisha Sterling (Linny Raven); Don Stroud (James Ringerman); Betty Field (Ellen Ringerman); Tom Tully (McCrea); Melodie Johnson (Millie)
Estreno: 2 de octubre de 1968, véase *pág. 64*

El desafío de las águilas (Where Eagles Dare) (Metro-Goldwyn-Mayer)
158 minutos
Director: Brian G. Hutton
Guión: Alistair MacLean
Fotografía: Arthur Ibbetson
Intérpretes: Richard Burton (Jonathan Smith); Clint Eastwood (Morris Schaffer); Mary Ure (Mary Elison); Patrick Wymark (Wyatt Turner); Michael Hordern (Rolland)
Estreno: 4 de diciembre de 1968, véase *pág. 68*

La leyenda de la ciudad sin nombre (Paint Your Wagon) (Paramount/Malpaso)
158 minutos
Director: Joshua Logan
Guión: Alan Jay Lerner
Fotografías: William Fraker, Loyal Griggs, Nelson Tyler
Intérpretes: Lee Marvin (Ben Rumson); Clint Eastwood (Pardner); Jean Seberg (Elizabeth); Harve Presnell (Rotten Luck Willie); Ray Walston (Mad Jack Duncan); Tom Ligon (Horton Fenty); Alan Dexter (Párroco); William O'Connell (Horace Tabor)
Estreno: 15 de octubre de 1969, véase *pág. 72*

Dos mulas y una mujer (Two Mules for Sister Sara) (Universal/Malpaso)
116 minutos
Director: Don Siegel
Guión: Albert Maltz
Fotografía: Gabriel Figueroa
Intérpretes: Shirley MacLaine (Sara); Clint Eastwood (Hogan); Manuel Fábregas (Beltran); Alberto Morin (LeClaire); David Estuardo (Juan); José Chávez (Horacio)
Estreno: 12 de febrero de 1970, véase *pág. 76*

Los violentos de Kelly (Kelly's Heroes)
(Metro-Goldwyn-Mayer) 144 minutos
Director: Brian G. Hutton
Guión: Troy Kennedy-Martin
Fotografía: Gabriel Figueroa
Intérpretes: Clint Eastwood (Kelly); Telly Savalas (Big Joe); Don Rickles (Crapgame); Carroll O'Connor (Colt); Donald Sutherland (Oddball); Gavin MacLeod (Moriarty); Hal Buckley (Maitland)
Estreno: 23 de junio de 1970, véase *pág. 80*

El seductor (The Beguiled) (Universal/Malpaso)
105 minutos
Director/producer: Don Siegel
Guión: John B. Sherry, Grimes Grice
Fotografía: Bruce Surtees
Intérpretes: Clint Eastwood (John McBurney); Geraldine Page (Martha Farnsworth); Elizabeth Hartman (Edwina Dabney); Jo Ann Harris (Carol); Darleen Carr (Doris); Mae Mercer (Hallie); Pamelyn Ferdin (Amelia); Melody Thomas Scott (Abigail); Peggy Drier (Lizzie); Patricia Mattick (Janie)
Estreno: 31 de marzo de 1971, véase *pág. 84*

Escalofrío en la noche (Play Misty for Me)
(Universal/Malpaso) 102 minutos
Director: Clint Eastwood
Guión: Jo Heims, Dean Riesner
Fotografía: Bruce Surtees
Intérpretes: Clint Eastwood (Dave Garver); Jessica Walter (Evelyn Draper); Donna Mills (Tobie Williams); John Larch (McCallum); Jack Ging (Frank); Irene Hervey (Madge); James McEachin (Al Monte); Clarice Taylor (Birdie); Don Siegel (Murphy)
Estreno: 12 de noviembre de 1971, véase *pág. 88*

Harry el sucio (Dirty Harry)
(Warner Bros./Seven Arts/Malpaso) 102 minutos
Director/producer: Don Siegel
Guión: Harry Julian Fink, Rita M. Fink, Dean Riesner
Fotografía: Bruce Surtees
Intérpretes: Clint Eastwood (Harry Callahan); Harry Guardino (Al Bressler); Reni Santoni (Chico González); John Vernon (Alcalde); Andrew Robinson (Scorpio Killer); John Larch (El Jefe); John Mitchum (Frank DiGiorgio)
Estreno: 23 de diciembre de 1971, véase *pág. 92*

Joe Kidd (Universal/Malpaso) 88 minutos
Director: John Sturges
Guión: Elmore Leonard
Fotografía: Bruce Surtees
Intérpretes: Clint Eastwood (Joe Kidd); Robert Duvall (Frank Harlan); John Saxon (Luis Chama); Don Stroud (Lamarr Simms); Stella Garcia (Helen Sánchez); James Wainwright (Olin Mingo); Paul Koslo (Roy Gannon)
Estreno: 14 de julio de 1972, véase *pág. 100*

Infierno de cobardes (High Plains Drifter)
(Universal/Malpaso) 105 minutos
Director: Clint Eastwood
Guión: Ernest Tidyman
Fotografía: Bruce Surtees
Intérpretes: Clint Eastwood (El forastero); Verna Bloom (Sarah Belding); Marianna Hill (Callie Travers); Mitch Ryan (Dave Drake); Jack Ging (Morgan Allen); Stefan Gierasch (Mayor Jason Hobart); Ted Hartley (Lewis Belding)
Estreno: 22 de agosto de 1973, véase *pág. 104*

Primavera en otoño (Breezy)
(Universal/Malpaso) 108 minutos
Director: Clint Eastwood
Guión: Jo Heims
Fotografía: Frank Stanley
Intérpretes: William Holden (Frank Harmon); Kay Lenz (Breezy); Roger C. Carmel (Bob Henderson); Marj Dusay (Betty Tobin); Joan Hotchkis (Paula Harmon); Jamie Smith-Jackson (Marcy)
Estreno: 18 de noviembre de 1973, véase *pág. 108*

Harry el fuerte (Magnum Force)
(Warner Bros./Malpaso) 124 minutos
Director: Ted Post
Guión: John Milius, Michael Cimino
Fotografía: Frank Stanley
Intérpretes: Clint Eastwood (Harry Callahan); Hal Holbrook (Neil Briggs); Mitch Ryan (Charlie McCoy); David Soul (John Davis); Tim Matheson (Phil Sweet); Kip Niven (Red Astrachan); Robert Urich (Mike Grimes)
Estreno: 25 de diciembre de 1973, véase *pág. 112*

Un botín de 500.000 dólares (Thunderbolt and Lightfoot)
(United Artists/ Malpaso) 115 minutos
Director: Michael Cimino
Guión: Michael Cimino
Fotografía: Frank Stanley
Intérpretes: Clint Eastwood (John «Thunderbolt» Doherty); Jeff Bridges (Lightfoot); Geoffrey Lewis (Eddie Goody); Catherine Bach (Melody); Gary Busey (Curly); George Kennedy (Red Leary)
Estreno: 23 de mayo de 1974, véase *pág. 116*

Licencia para matar (The Eiger Sanction)
(Universal/Malpaso) 123 minutos
Director: Clint Eastwood
Guión: Warren B. Murphy, Hal Dresner, Rod Whitaker
Fotografía: Frank Stanley
Intérpretes: Clint Eastwood (Jonathan Hemlock); George Kennedy (Ben Bowman); Vonetta McGee (Jemima Brown); Jack Cassidy (Miles Mellough); Heidi Brühl (Anna Montaigne); Thayer David (Dragon); Reiner Schöne (Karl Freytag)
Estreno: 21 de mayo de 1975, véase *pág. 120*

El fuera de la ley (The Outlaw Josey Wales)
(Warner Bros./Malpaso) 135 minutos
Director: Clint Eastwood
Guión: Philip Kaufman, Sonia Chernus
Fotografía: Bruce Surtees
Intérpretes: Clint Eastwood (Josey Wales); Chief Dan George (Lone Watie); Sondra Locke (Laura Lee); Bill McKinney (Terrill); John Vernon (Fletcher); Paula Trueman (Grandma Sarah); Sam Bottoms (Jamie)
Estreno: 30 de junio de 1976, véase *pág. 124*

Harry el ejecutor (The Enforcer)
(Warner Bros./Malpaso) 96 minutos
Director: James Fargo
Guión: Stirling Silliphant, Dean Riesner
Fotografía: Charles W. Short
Intérpretes: Clint Eastwood (Harry Callahan); Tyne Daly (Kate Moore); Harry Guardino (Al Bressler); Bradford Dillman (McKay); John Mitchum (Frank DiGiorgio); DeVeren Bookwalter (Bobby Maxwell); John Crawford (Alcalde)
Estreno: 22 de diciembre de 1976, véase *pág. 130*

Ruta suicida (The Gauntlet)
(Warner Bros./Malpaso) 109 minutos
Director: Clint Eastwood
Guión: Michael Butler, Dennis Shryack
Fotografía: Rexford Metz
Intérpretes: Clint Eastwood (Ben Shockley); Sondra Locke (Gus Mally); Pat Hingle (Josephson); William Prince (Blakelock); Bill McKinney (Constable); Michael Cavanaugh (Feyderspiel)
Estreno: 21 de diciembre de 1977, véase *pág. 134*

Duro de pelar (Every Which Way But Loose)
(Warner Bros./ Malpaso) 110 minutos
Director: James Fargo
Guión: Jeremy Joe Kronsberg
Fotografía: Rexford Metz
Intérpretes: Clint Eastwood (Philo Beddoe); Sondra Locke (Lynn Halsey-Taylor); Geoffrey Lewis (Orville Boggs); Beverly D'Angelo (Echo); Walter Barnes (Tank Murdock); William O'Connell (Elmo)
Estreno: 20 de diciembre de 1978, véase *pág. 138*

La Fuga de Alcatraz (Escape from Alcatraz)
(Paramount/Malpaso) 112 minutos
Director: Don Siegel
Guión: Richard Tuggle, basado en una novela de J. Campbell Bruce
Fotografía: Bruce Surtees
Intérpretes: Clint Eastwood (Frank Morris); Patrick McGoohan (Warden); Roberts Blossom (Doc); Jack Thibeau (Clarence Anglin); Fred Ward (John Anglin); Paul Benjamin (English); Larry Hankin (Charley Butts)
Estreno: 22 de junio de 1979, véase *pág. 142*

Bronco Billy (Warner Bros.) 116 minutos
Director: Clint Eastwood
Guión: Dennis Hackin
Fotografía: David Worth
Intérpretes: Clint Eastwood (Bronco Billy); Sondra Locke (Antoinette Lily); Geoffrey Lewis (John Arlington); Scatman Crothers (Doc Lynch); Bill McKinney (Lefty LeBow); Sam Bottoms (Leonard James); Dan Vadis (Gran Jefe Águila)
Estreno: 11 de junio de 1980, véase pág. 146

La gran pelea (Any Which Way You Can)
(Warner Bros./Malpaso) 115 minutos
Director: Buddy Van Horn
Guión: Stanford Sherman
Fotografía: David Worth
Intérpretes: Clint Eastwood (Philo Beddoe); Sondra Locke (Lynn Halsey-Taylor); Geoffrey Lewis (Orville Boggs); William Smith (Jack Wilson); Harry Guardino (James Beekman); Ruth Gordon (Senovia «Ma» Boggs)
Estreno: 17 de diciembre de 1980, véase pág. 150

Firefox (Warner Bros./Malpaso) 136 minutos
Director: Clint Eastwood
Guión: Alex Lasker, Wendell Wellman y Craig Thomas
Fotografía: Bruce Surtees
Intérpretes: Clint Eastwood (Mitchell Gant); Freddie Jones (Kenneth Aubrey); David Huffman (Captain Buckholz); Warren Clarke (Pavel Upenskoy); Ronald Lacey (Semelovsky); Kenneth Colley (Kontarsky)
Estreno: 18 de junio de 1982, véase pág. 154

**El aventurero de medianoche
(Honkytonk Man)** (Warner Bros./Malpaso) 122 minutos
Director: Clint Eastwood
Guión: Clancy Carlile
Fotografía: Bruce Surtees
Intérpretes: Clint Eastwood (Red Stovall); Kyle Eastwood (Whit); John McIntire (Abuelo); Alexa Kenin (Marlene); Verna Bloom (Emmy); Matt Clark (Virgil); Barry Corbin (Arnspringer); Jerry Hardin (Snuffy)
Estreno: 15 de diciembre de 1982, véase pág. 158

Impacto súbito (Sudden Impact)
(Warner Bros./Malpaso) 117 minutos
Director: Clint Eastwood
Guión: Joseph C. Stinson
Fotografía: Bruce Surtees
Intérpretes: Clint Eastwood (Harry Callahan); Sondra Locke (Jennifer Spencer); Pat Hingle (Jannings); Bradford Dillman (Briggs); Paul Drake (Mick); Audrie J. Neenan (Ray Parkins); Jack Thibeau (Kruger); Michael Currie (Donnelly)
Estreno: 9 de diciembre de 1983, véase pág. 162

En la cuerda floja (Tightrope)
(Warner Bros./Malpaso) 114 minutos
Director: Richard Tuggle
Guión: Richard Tuggle
Fotografía: Bruce Surtees
Intérpretes: Clint Eastwood (Wes Block); Geneviève Bujold (Beryl Thibodeaux); Dan Hedaya (Molinari); Alison Eastwood (Amanda Block); Jenny Beck (Penny Block); Marco St. John (Leander Rolfe); Rebecca Perle (Becky Jacklin)
Estreno: 17 de agosto de 1984, véase pág. 166

Ciudad muy caliente (City Heat)
(Warner Bros./Malpaso/Deliverance) 93 minutos
Director: Richard Benjamin
Guión: Sam O. Brown (Blake Edwards), Joseph C. Stinson
Fotografía: Nick McLean
Intérpretes: Clint Eastwood (Speer); Burt Reynolds (Mike Murphy); Jane Alexander (Addy); Madeline Kahn (Caroline Howley); Rip Torn (Primo Pitt); Irene Cara (Ginny Lee); Richard Roundtree (Dehl Swift); Tony Lo Bianco (Leon Coll); William Sanderson (Lonnie Ash); Nicholas Worth (Troy Roker); Robert Davi (Nino); Jude Farese (Dub Slack); John Hancock (Fat Freddy); Jack Thibeau (Garage Soldier); Gerald S. O'Loughlin (Louie)
Estreno: 7 de diciembre de 1984, véase pág. 170

El jinete pálido (Pale Rider)
(Warner Bros./Malpaso) 115 minutos
Director: Clint Eastwood
Guión: Michael Butler, Dennis Shryack
Fotografía: Bruce Surtees
Intérpretes: Clint Eastwood (Predicador); Michael Moriarty (Hull Barret); Carrie Snodgress (Sarah Wheeler); Chris Penn (Josh LaHood); Richard Dysart (Coy LaHood); Sydney Penny (Megan Wheeler); Richard Kiel (Club); Doug McGrath (Spider Conway)
Estreno: 28 de junio de 1985, véase pág. 174

El sargento de hierro (Heartbreak Ridge)
(Warner Bros./Malpaso) 130 minutos
Director: Clint Eastwood
Guión: James Carabatsos
Fotografía: Jack N. Green
Intérpretes: Clint Eastwood (Thomas Highway); Marsha Mason (Aggie); Everett McGill (Malcolm A. Powers); Moses Gunn (Webster); Eileen Heckart (Mary Jackson); Mario Van Peebles («Stitch» Jones)
Estreno: 5 de diciembre de 1986, véase pág. 178

Bird (Warner Bros./Malpaso) 161 minutos
Director: Clint Eastwood
Guión: Joel Oliansky
Fotografía: Jack N. Green
Intérpretes: Forest Whitaker (Charlie «Bird» Parker); Diane Venora (Chan Parker); Michael Zelniker (Red Rodney); Samuel E. Wright (Dizzy Gillespie); Keith David (Buster Franklin); Michael McGuire (Brewster); James Handy (Esteves); Damon Whitaker (Joven Bird)
Estreno: 1 de junio de 1988, véase pág. 182

La lista negra (The Dead Pool)
(Warner Bros./Malpaso) 91 minutos
Director: Buddy Van Horn
Guión: Steve Sharon
Fotografía: Jack N. Green
Intérpretes: Clint Eastwood (Harry Callahan); Patricia Clarkson (Samantha Walker); Liam Neeson (Peter Swan); Evan C. Kim (Al Quan); David Hunt (Harlan Rook/Ed Butler); Michael Currie (Donnelly)
Estreno: 13 de julio de 1988, véase pág. 188

El Cadillac rosa (Pink Cadillac)
(Warner Bros./Malpaso) 122 minutos
Director: Buddy Van Horn
Guión: John Eskow
Fotografía: Jack N. Green
Intérpretes: Clint Eastwood (Tommy Nowak); Bernadette Peters (Lou Ann McGuinn); Timothy Carhart (Roy McGuinn); Tiffany Gail Robinson (McGuinn Baby); Angela Louise Robinson (McGuinn Baby); John Dennis Johnston (Waycross); Michael Des Barres (Alex)
Estreno: 26 de mayo de 1989, véase pág. 192

**Cazador blanco, corazón negro
(White Hunter, Black Heart)**
(Warner Bros./ Malpaso) 112 minutos
Director: Clint Eastwood
Guión: Peter Viertel, James Bridges, Burt Kennedy
Fotografía: Jack N. Green
Intérpretes: Clint Eastwood (John Wilson); Jeff Fahey (Pete Verrill); Charlotte Cornwell (Srta. Wilding); Norman Lumsden (George); George Dzundza (Paul Landers); Edward Tudor-Pole (Reissar)
Estreno: 16 de mayo de 1990, véase pág. 196

El principiante (The Rookie)
(Warner Bros./Malpaso) 120 minutos
Director: Clint Eastwood
Guión: Boaz Yakin, Scott Spiegel
Fotografía: Jack N. Green
Intérpretes: Clint Eastwood (Nick Pulovski); Charlie Sheen (David Ackerman); Raul Julia (Strom); Sonia Braga (Liesl); Tom Skerritt (Eugene Ackerman); Lara Flynn Boyle (Sarah); Pepe Serna (Ray Garcia)
Estreno: 7 de diciembre de 1990, véase pág. 200

Sin perdón (Unforgiven)
(Warner Bros./Malpaso) 131 minutos
Director: Clint Eastwood
Guión: David Webb Peoples
Fotografía: Jack N. Green
Intérpretes: Clint Eastwood (William «Bill» Munny); Gene Hackman (Bill Daggett); Morgan Freeman (Ned Logan); Richard Harris (Bob, el inglés); Jaimz Woolvett (El joven cazarecompensas); Saul Rubinek (W. W. Beauchamp); Frances Fisher (Alice); Anna Levine (Delilah Fitzgerald)
Estreno: 7 de agosto de 1992, véase pág. 204

En la línea de fuego (In the Line of Fire)
(Castle Rock/Columbia) 128 minutos
Director: Wolfgang Petersen
Guión: Jeff Maguire
Fotografía: John Bailey
Intérpretes: Clint Eastwood (Frank Horrigan); John Malkovich (Mitch Leary); Rene Russo (Lilly Raines); Dylan McDermott (Al D'Andrea); Gary Cole (Bill Watts); Fred Dalton Thompson (Harry Sargent); John Mahoney (Sam Campagna); Gregory Alan Williams (Matt Wilder); Jim Curley (Presidente); Sally Hughes (Primera dama)
Estreno: 9 de julio de 1993, véase pág. 212

Un mundo perfecto (A Perfect World)
(Warner Bros./Malpaso) 138 minutos
Director: Clint Eastwood
Guión: John Lee Hancock
Fotografía: Jack N. Green
Intérpretes: Kevin Costner (Robert «Butch» Haynes); Clint Eastwood (Red Garnett); Laura Dern (Sally Gerber); T. J. Lowther (Phillip «Buzz» Perry); Keith Szarabajka (Terry Pugh); Leo Burmester (Tom Adler); Paul Hewitt (Dick Suttle); Bradley Whitford (Bobby Lee)
Estreno: 24 de noviembre de 1993, véase pág. 216

**Los puentes de Madison
(The Bridges of Madison Country)**
(Warner Bros./Malpaso) 135 minutos
Director: Clint Eastwood
Guión: Richard LaGravenese, basado en una novela de Robert James Waller
Fotografía: Jack N. Green
Intérpretes: Clint Eastwood (Robert Kincaid); Meryl Streep (Francesca Johnson); Annie Corley (Carolyn Johnson); Victor Slezak (Michael Johnson); Jim Haynie (Richard Johnson); Sarah Kathryn Schmitt (Carolyn de joven); Christopher Kroon (Michael de joven)
Estreno: 2 de junio de 1995, véase pág. 220

Poder absoluto (Absolute Power)
(Castle Rock Entertainment/ Malpaso)
121 minutos
Director: Clint Eastwood
Guión: William Goldman , basado en una novela de David Baldacci
Fotografía: Jack N. Green
Intérpretes: Clint Eastwood (Luther Whitney); Gene Hackman (Allen Richmond); Ed Harris (Seth Frank); Laura Linney (Kate Whitney); Scott Glenn (Bill Burton); Dennis Haysbert (Tim Collin); Judy Davis (Gloria Russell)
Estreno: 14 de febrero de 1997, véase pág. 224

Medianoche en el jardín del bien y del mal (Midnight in the Garden of Good and Evil) (Warner Bros./Malpaso)
155 minutos
Director: Clint Eastwood
Guión: John Lee Hancock, basado en un libro de John Berendt
Fotografía: Jack N. Green
Intérpretes: John Cusack (John Kelso); Kevin Spacey (Jim Williams); Jack Thompson (Sonny Seiler); Irma P. Hall (Minerva); Jude Law (Billy Hanson); Alison Eastwood (Mandy Nicholls); Paul Hipp (Joe Odom); Lady Chablis (Chablis Deveau)
Estreno: 21 de noviembre de 1997, véase pág. 228

Ejecución inminente (True Crime)
(Warner Bros./Malpaso) 127 minutos
Director: Clint Eastwood
Guión: Larry Gross, Paul Brickman y Stephen Schiff, basado en una novela de Andrew Klavan
Fotografía: Jack N. Green
Intérpretes: Clint Eastwood (Steve Everett); Isaiah Washington (Frank Louis Beechum); Lisa Gay Hamilton (Bonnie Beechum); James Woods (Alan Mann); Denis Leary (Bob Findley); Bernard Hill (Warden Luther Plunkitt); Diane Venora (Barbara Everett)
Estreno: 19 de marzo de 1999, véase pág. 232

Space Cowboys (Warner Bros./Malpaso)
130 minutos
Director: Clint Eastwood
Guión: Ken Kaufman, Howard Klausner
Fotografía: Jack N. Green
Intérpretes: Clint Eastwood (Frank Corvin); Tommy Lee Jones (Hawk Hawkins); Donald Sutherland (Jerry O'Neill); James Garner (Tank Sullivan); James Cromwell (Bob Gerson); Marcia Gay Harden (Sara Holland); William Devane (Eugene Davis)
Estreno: 4 de agosto de 2000, véase pág. 236

Deuda de sangre (Blood Work)
(Warner Bros./Malpaso) 110 minutos
Director: Clint Eastwood
Guión: Brian Helgeland
Fotografía: Tom Stern
Intérpretes: Clint Eastwood (Terry McCaleb); Jeff Daniels (Jasper «Buddy» Noone); Anjelica Huston (Bonnie Fox); Wanda De Jesus (Graciella Rivers); Tina Lifford (Jaye Winston); Paul Rodríguez (Ronaldo Arrango)
Estreno: 9 de agosto de 2002, véase pág. 240

Mystic River (Warner Bros./Malpaso) 137 minutos
Director: Clint Eastwood
Guión: Brian Helgeland
Fotografía: Tom Stern
Intérpretes: Sean Penn (Jimmy Markum); Tim Robbins (Dave Boyle); Kevin Bacon (Sean Devine); Laurence Fishburne (Whitey Powers); Marcia Gay Harden (Celeste Boyle); Laura Linney (Annabeth Markum); Kevin Chapman (Val Savage)
Estreno: 15 de octubre de 2003, véase pág. 244

Million Dollar Baby (Warner Bros./Malpaso)
132 minutos
Director: Clint Eastwood
Guión: Paul Haggis
Fotografía: Tom Stern
Intérpretes: Clint Eastwood (Frankie Dunn); Hilary Swank (Maggie Fitzgerald); Morgan Freeman (Eddie Scrap-Iron Dupris); Jay Baruchel (Peligro Barch); Mike Colter (Big Willie Little); Lucia Rijker (Billie «Oso Azul»); Brian F. O'Byrne (Padre Horvak)
Estreno: 15 de diciembre de 2004, véase pág. 250

Banderas de nuestros padres (Flags of our Fathers) (Warner Bros./Malpaso)
132 minutos
Director: Clint Eastwood
Guión: William Broyles Jr., Paul Haggis
Fotografía: Tom Stern
Intérpretes: Ryan Phillippe (John «Doc» Bradley); Jesse Bradford (Rene Gagnon); Adam Beach (Ira Hayes); John Benjamin Hickey (Keyes Beech); John Slattery (Bud Gerber); Barry Pepper (Mike Strank); Jamie Bell (Ralph «Iggy» Ignatowski); Paul Walker (Hank Hansen)
Estreno: 20 de octubre de 2006, véase pág. 258

Cartas desde Iwo Jima (Letters from Iwo Jima) (Warner Bros./Malpaso) 141 minutos
Director: Clint Eastwood
Guión: Iris Yamashita
Fotografía: Tom Stern
Intérpretes: Ken Watanabe (Kuribayashi); Kazunari Ninomiya (Saigo); Tsuyoshi Ihara (Nishi); Ryo Kase (Shimizu); Shido Nakamura (Ito); Hiroshi Watanabe (Fujita); Takumi Bando (Tanida); Yuki Matsuzaki (Nozaki)
Estreno: 9 de diciembre de 2006, véase pág. 262

El intercambio (Changeling)
(Universal/Malpaso) 141 minutos
Director: Clint Eastwood
Guión: J. Michael Straczynski
Fotografía: Tom Stern
Intérpretes: Angelina Jolie (Christine Collins); Gattlin Griffith (Walter Collins); Michelle Gunn (Sandy); Frank Wood (Ben Harris); John Malkovich (Gustav Briegleb); Colm Feore (James E. Davis); Devon Conti (Arthur Hutchins); Jeffrey Donovan (J. J. Jones); John Harrington Bland (John Montgomery); Pamela Dunlap (Sra. Fox)
Estreno: 31 de octubre de 2008, véase pág. 268

Gran Torino (Warner Bros./Malpaso) 116 minutos
Director: Clint Eastwood
Guión: Nick Schenk
Fotografía: Tom Stern
Intérpretes: Clint Eastwood (Walt Kowalski); Christopher Carley (Padre Janovich); Bee Vang (Thao Vang Lor); Ahney Her (Sue Lor); Brian Haley (Mitch Kowalski); Geraldine Hughes (Karen Kowalski); Dreama Walker (Ashley Kowalski); Brian Howe (Steve Kowalski); Scott Eastwood (Trey)
Estreno: 9 de enero de 2009, véase pág. 273

Invictus (Warner Bros./Malpaso) 134 minutos
Director: Clint Eastwood
Guión: Anthony Peckham
Fotografía: Tom Stern
Intérpretes: Matt Damon (Francois Pienaar); Morgan Freeman (Nelson Mandela); Langley Kirkwood (George); Grant Roberts (Ruben Kruger); Penny Downie (Sra. Pinnear); Robert Hobbs (Willem)
Estreno: 11 de diciembre de 2009, véase pág. 279

"Lo que tiene el hecho de actuar y dirigir es que eres un perpetuo aprendiz, y creo que ésa es la razón por la que sigo haciéndolo a estas alturas de mi vida. Porque con cada película aprendes algo, con cada proyecto aprendes algo nuevo, sobre la gente, sobre los actores, sobre la interpretación, sobre la dirección, y eso es lo que hace que sea emocionante, y por eso sigo haciéndolo. Y lo genial de ser actor es que es un proceso que nunca termina. Da igual si tienes noventa años o veinte, sigues aprendiendo. Y, naturalmente, a los noventa lo más probable es que, por desgracia, se te hayan olvidado un montón de cosas, pero es genial, es la gracia del asunto. Te diviertes mucho y tienes mucha suerte de poder vivir, de poder sobrevivir, de tener una profesión tan divertida."

PÁGINA SIGUIENTE El singular perfil de una joven promesa, 1960.

Fuentes

La mayor parte de las imágenes, fotogramas, carteles y fotografías proceden de Warner Bros. Corporate Archive, y están sujetas a derechos de reproducción individuales, con la correspondiente referencia a su película:

Absolute Power, 1997 © Castle Rock Entertainment. Todos los derechos reservados; *Flags of Our Fathers*, 2006; *Letters from Iwo Jima*, 2006 © Dreamworks L.L.C.(Estados Unidos, sus territorios y posesiones y Canadá) & Warner Bros. Entertainment Inc. (Derechos mundiales.) Todos los derechos reservados; *Unforgiven*, 1992; *A Perfect World*, 1993; *The Bridges of Madison County*, 1995; *Midnight in the Garden of Good and Evil*, 1997; *Bloodwork*, 2002; © Warner Bros., Time Warner Entertainment Company, L.P. Todos los derechos reservados; *Million Dollar Baby*, 2004 © Warner Bros. Entertainment Inc. (Estados Unidos, sus territorios y posesiones, Canadá, Bahamas y Bermuda, y derechos mundiales Lakeshore Entertainment Inc.) Todos los derechos reservados; *Magnum Force*, 1973; *The Outlaw Josey Wales*, 1976; *The Enforcer*, 1976; *The Gauntlet*, 1977; *Every Which Way But Loose*, 1978; *Bronco Billy*, 1980; *Any Which Way You Can*, 1980; *Firefox*, 1982; *Honkytonk Man*, 1982; *Sudden Impact*, 1983; *Tightrope*, 1984; *City Heat*, 1984; *True Crime*, 1984; *Pale Rider*, 1985; *Heartbreak Ridge*, 1986; *Bird*, 1988; *Pink Cadillac*, 1989; *White Hunter Black Heart*, 1990; *The Rookie*, 1990; *The Dead Pool*, 1999; © Warner Bros. Inc. Todos los derechos reservados; *Dirty Harry*, 1971; © Warner Bros. Inc. y The Malpaso Company. Todos los derechos reservados; *Gran Torino*, 2008 © Warner Bros. Entertainment Inc.; *Invictus*, 2009 © Warner Bros. Entertainment Inc. y Spyglass Entertainment Funding, LLC.; *Space Cowboys*, 2000 © WV Films LLC.; *Mystic River*, 2003 © WV Films III LLC. Todos los derechos reservados.

Las imágenes adicionales proceden de las siguientes fuentes:

Cortesía de Clint Eastwood: 1; **The Clint Eastwood Archive:** 4-1r; Corbis: 6 (Nicolas Guerin), 9 (Eddie Adams), 29 (Fred Prouser/Reuters), 54 (Cat's Collection), 77 (Sunset Boulevard), 80 (Sunset Boulevard), 81 (Sunset Boulevard), 91s (Bettmann), 122 inserción (Sunset Boulevard), 129 (Sunset Boulevard), 146-147 (Michael Childers/Sygma), 156-157 (Christian Simonpietri/Sygma), 214 (Bruce McBroom/Sygma); **Getty Images:** 10, 14, 20 (Time & Life Pictures), 38, 42; **The Kobal Collection:** Guardas, 16 (Warner Bros.), 36, 37 (Universal/Sherman Clark), 39 (Universal), 40 (RKO), 41l (CBS TV/MGM TV), 44 (Jolly/Constantin/Ocean), 46 (Jolly/Constantin/Ocean), 47siz (Jolly/Constantin/Ocean), 47sd (Jolly/Constantin/Ocean), 47i (Jolly/Constantin/Ocean), 48 (Prod Eur Assoc/Gonzalez/Constantin), 49 (Prod Eur Assoc/Gonzalez/Constantin), 50 (Prod Eur Assoc/Gonzalez/Constantin), 51 (Prod Eur Assoc/Gonzalez/Constantin), 53 (De Laurentiis), 56-57 (PEA), 58 (PEA), 59siz (PEA), 59sd (PEA), 59i (PEA), 60 (United Artists), 62s (United Artists), 62i (United Artists), 64 (Universal), 65 (Universal), 66 (Universal), 67 (Universal), 69 (MGM), 70d (MGM), 71siz (MGM), 71iiz (MGM), 71id (MGM), 74s (Paramount), 74i (Paramount), 75s (Paramount), 76 (Universal), 78 (Universal), 78-79 (Universal), 79iz (Universal), 79d (Universal), 82 (MGM), 83siz (MGM), 83sd (MGM), 83ciz (MGM), 83cd (MGM), 83i (MGM), 84 (Universal), 85 (Universal), 86 (Universal), 87siz (Universal), 87sd (Universal), 87iiz (Universal), 87id (Universal), 88 (Universal), 89 (Universal), 90s (Universal), 90i (Universal), 96 (Warner Bros.), 100 (Universal), 101 (Universal), 102-103 (Universal), 104 (Universal), 105 (Universal), 106 (Universal), 107s (Universal), 107i (Universal), 108 (Universal), 109 (Universal), 110s (Universal), 110i (Universal), 111s (Universal), 113 (Columbia/Warner), 116 (United Artists), 117 (United Artists), 118 (United Artists), 118-119 (United Artists), 120 (Universal), 121 (Universal), 122 (Universal), 142 (Paramount/Malpaso), 143 (Paramount/Malpaso), 144 (Paramount/Malpaso), 145siz (Paramount/Malpaso), 145sd (Paramount/Malpaso), 145i (Paramount/Malpaso), 160 (Warner Bros.), 170 (Warner Bros.), 188 (Warner Bros.), 191 (Warner Bros.), 207 (Warner Bros.), 212 (Columbia Tri Star), 213 (Columbia Tri Star), 215s (Columbia Tri Star), 215iiz (Columbia Tri Star), 215id (Columbia Tri Star), 218 (Warner Bros.), 255 (Warner Bros.), 258 (Dreamworks SKG/Warner Bros.), 260-261, 264 (Warner Bros.), 268-269 (Imagine Entertainment/Universal), 270-271 (Imagine Entertainment/Universal), 271 (Imagine Entertainment/Universal), 275 (Warner Bros.), 276-277 (Warner Bros.); **mptvimages.com:** 43 (© 2005 Michael Levin), 45, 55 (© 1978 Gunther), 68, 70iz, 71sd, 72, 73 (© 1978 Bob Willoughby), 74-75, 75b, 91i, 111i (© 1978 David Sutton), 123, 126i, 287 (© 1978 Gene Trindl); **Photos12:** 61, 63; **Robinson Archive:** 13 (Jack Robinson); Ronald Grant Archive: 52.

s (superior); i (inferior); d (derecha) iz (izquierda); c (centro).